体育运动

软式网球 嗒嗒球

RUANSHI WANGQIU DADAQIU

主编 李 刚 宛祝平
田云平 赵锦锦

走进大自然
走到阳光下
养成体育锻炼
好习惯

吉林出版集团股份有限公司 全国百佳图书出版单位

图书在版编目（CIP）数据

软式网球　嗒嗒球 / 李刚等主编. — 长春：吉林出版集团股份有限公司，2011.6（2024.1 重印）

ISBN 978-7-5463-5711-9

Ⅰ. ①软…　Ⅱ. ①李…　Ⅲ. ①排球运动—青年读物②其他球类运动—青年读物　Ⅳ. ①G842-49②G849.9-49

中国版本图书馆 CIP 数据核字（2011）第 117610 号

软式网球　嗒嗒球

主编　李刚　宛祝平　田云平　赵锦锦
责任编辑　息望　杜琳
出版发行　吉林出版集团股份有限公司
印刷　三河市同力彩印有限公司
版次　2011 年 7 月第 1 版　2024 年 1 月第 8 次印刷
开本　787mm × 1092mm　1/16　**印张**　10　**字数**　100 千
地址　吉林省长春市福祉大路 5788 号　**邮编**　130000
电话　0431-81629968
电子邮箱　11915286@qq.com
书号　ISBN 978-7-5463-5711-9
定价　45.80 元

《体育运动》编委会

目录 CONTENTS

软式网球

目录 CONTENTS

目录 CONTENTS

软式网球

第一章 运动保护

“生命在于运动”，但是盲目、不科学的运动非但不能起到强身健体的作用，反而会给身体带来一定的伤害。只有掌握体育锻炼的一般性生理卫生知识，科学地进行体育锻炼，才能起到健身强体的作用。

第一节 生理卫生

青少年在进行体育运动时，除了应进行一般性的身体检查和必要的咨询外，还要注意培养运动兴趣和把握适当的运动强度。

一、培养运动兴趣

在进行体育运动前，必须培养自己对体育运动的兴趣。培养兴趣的方法有很多，如观看体育比赛，与同学、朋友进行体育比赛等。有了浓厚的兴趣，就能自觉地投入体育运动之中，从而达到理想的体育锻炼效果。

二、把握运动强度

因为青少年进行体育运动，主要是在享受体育运动的过程中增强体质，提高健康水平，而不仅是为了创造运动成绩，所以运动强度不宜过大。控制运动强度最简单的办法是测定运动时的脉搏。对青少年来说，运动时的脉搏控制在每分钟 140 次左右较为合适。

第二节 运动前准备

运动前进行充分的准备活动，对于青少年来说是非常重要的。一些青少年体育运动爱好者，常常不重视运动前的准备活动，导致各种运动损伤，影响运动效果，也容易失去对体育运动的兴趣，甚至造成对体育运动的畏惧。因此，青少年在进行体育运动前，必须做好充分的准备活动。

一、准备活动的作用

运动前做好充分的准备活动能够对肌肉、内脏器官有很大的保护作用，同时还可以提前调节运动时的心理状态。

（一）提高肌肉温度，预防运动损伤

运动前进行一定强度的准备活动，不仅可以使肌肉内的代谢过程加强，温度增高，黏滞性下降，提高肌肉的收缩和舒张速度，增强肌力，同时还可以增加肌肉、韧带的弹性和伸展性，减少由于肌肉剧烈收缩而造成的运动损伤。

（二）提高内脏器官的功能水平

内脏器官的功能特点之一就是生理惰性较大，即当活动开始、肌肉发挥最大功能水平时，内脏器官并不能立刻进入

最佳活动状态。

（三）调节心理状态

青少年进行体育锻炼不仅是身体活动，同时也是心理活动。研究证明，心理活动在体育锻炼中起着非常重要的作用。体育锻炼前的准备活动，可以起到心理调节的作用，即接通各运动中枢间的神经联系，使大脑皮层处于最佳兴奋状态。

二、如何进行准备活动

一般来说，准备活动主要应考虑内容、时间和运动量等问题。

（一）内容

准备活动可分为一般准备活动和专项准备活动。一般准备活动主要是一些全身性的身体练习，如跑步、踢腿、弯腰等。一般准备活动的作用在于提高整体的代谢水平和大脑皮层的兴奋状态，减少运动损伤的发生。专项准备活动是指与所从事的体育锻炼内容相适应的动作练习。

下面介绍一套一般准备活动操，供青少年运动前使用。这套活动操主要包括头部运动、肩部运动、扩胸运动、体侧运动、体转运动、髋部运动和踢腿运动等。

1.头部运动

头部运动的动作方法(见图 1-2-1)是:

两手叉腰，两脚左右开立，做头部向前、向后、向左、向右，以及绕环运动。

2.肩部运动

肩部运动的动作方法(见图 1-2-2)是:

手扶肩部，屈臂向前、向后绕环，以及直臂绕环。

3.扩胸运动

扩胸运动的动作方法(见图 1-2-3)是:

屈臂向后振动及直臂向后振动。

4.体侧运动

体侧运动的动作方法(见图 1-2-4)是:

两脚左右开立，一手叉腰，另一臂上举，并随上体向对侧振动。

5.体转运动

体转运动的动作方法(见图 1-2-5)是:

两脚左右开立，两臂体前屈，身体向左、向右有节奏地扭转。

6.髋部运动

髋部运动的动作方法(见图 1-2-6)是:

两脚左右开立，两手叉腰，髋关节放松，做向左、向右360°旋转。

7.踢腿运动

踢腿运动的动作方法(见图 1-2-7)是:

两臂上举后振，同时一腿向后半步，然后两臂下摆后振，同时向前上方踢腿。

图 1-2-1

图 1-2-2

图 1-2-3

图 1—2—4

图 1—2—5

图 1—2—6

图 1—2—7

（二）时间和运动量

准备活动的时间和运动量随体育锻炼的内容和量而定，由于以健身为目的的体育运动量较小，因此准备活动的量也相对较小，时间也不宜过长，否则，还未进行体育锻炼身体就疲劳了。半小时的体育锻炼，准备活动时间一般以 10 分钟左右为宜。

第三节 运动后放松

进行剧烈的体育运动后，有些青少年习惯坐在地上，或是直接躺下来休息，认为这样可以快速消除疲劳。其实不然，这样做的结果不仅不能尽快地恢复身体功能，反而会对身体产生不良影响，正确的做法应该是运动后做一些整理活动，放松身体。

一、运动后整理活动的必要性

运动后的整理活动不但可以避免头晕等症状，还可以有效地消除疲劳。

(一)避免头晕

人体在停止运动后，如果停下来不动，或是坐下来休息，静脉血管失去了骨骼肌的节律性收缩，血液会由于受重力作用滞留在下肢静脉血管中，导致回心血量减少，心血输出量下降，造成暂时性脑缺血，出现头晕、眼前发黑等一系列症状，严重者甚至会出现休克。为了避免这些症状的发生，整理活动是非常必要的。

(二)消除疲劳

除了避免头晕等症状的发生，运动后的整理活动还可以改善血液循环状态，达到快速消除疲劳的目的。

二、放松方法

在运动后放松时，应注意以下几个问题：

(1)做一些放松跑、放松走等形式的下肢运动，促进下肢静脉血的回流，防止体育锻炼后心血输出量的过度下降；

(2)在下肢活动后进行上肢整理活动，右臂活动后做左臂的整理活动，通过这种积极性休息，使身体功能得到尽快恢复；

（3）整理活动的量不要过大，否则整理活动又会引起新的疲劳；

（4）在进行整理活动时，应当保持心情舒畅、精神愉快。

第四节 恢复养护

人体在运动后，除采用休息和积极性体育手段加速身体功能的恢复外，还可以根据育运动的特点，补充不同的营养物质，以尽快消除疲劳。

体育运动结束后，人体内会产生一种叫作乳酸的酸性物质，它的积累会造成肌体的疲劳，使恢复时间延长。所以，我们在体育运动后，应多补充一些碱性食物，如蔬菜、水果等，而动物性蛋白等肉类食品偏“酸”，在运动后的当天可适当减少摄入。

第二章 软式网球概述

软式网球同网球一样深受人们的喜爱，但作为一项新兴的运动，它的起源和发展要晚于网球，所以有很多人还不太了解这项运动。可以说软式网球是从网球运动中派生出来的一项运动。

第一节 起源与发展

软式网球于 19 世纪 80 年代在日本出现，是从硬式(草地)网球派生出来的一种网球运动。经过百余年的不断发展和完善，软式网球有了自己的器具和竞赛规则，并形成了一套与硬式网球不同的技术和战术体系。

一、起源

1878 年(日本明治十一年)10 月，日本政府聘请美籍教师雷朗德来日本担任为培养体育专门教师所设立的体操研习所网球教练，这是网球运动在日本发展的开端。

由于当时日本国内还没有自制球具的能力，以致全部网球用具必须依赖进口，所以很难深入开展这项运动。东京高等师范学校经过多年研究，终于制造出一种橡皮球，这就是软式网球的雏形。

以后经过进一步的改造，终于完成了自制的软式网球，并逐渐在日本普及，软式网球就是这样在日本开展起来的。

二、发展

软式网球是在世界网球运动高速发展时期，在“启蒙小、成材早”的发展趋势下产生的一种新型体育运动，它是网球运动的一个分支，并逐渐发展成有专门理论、训练器材和竞赛规程的体育项目。

(一)国际

软式网球在日本开展得非常普遍。1923 年，日本举办了首次全国软式网球锦标赛。20 世纪 50 年代，日本又把软式网球推广到亚洲地区。

1955 年，亚洲成立了亚洲软式网球联盟。

1956 年，日本举办了亚洲软式网球锦标赛，至 1973 年共举办了 9 届。1973 年亚洲软式网球联盟解散，世界软式网球联盟成立。

1975 年，在美国夏威夷举办了首次世界软式网球锦标赛，两年一届，至 1993 年已举办了 10 届。1988 年，亚洲软式网球联合会重建。

(二)中国

1986 年，中国兴起软式网球。

1986 年下半年，在国家体委有关部门的重视与扶植下，软式网球运动在全国部分体育院校中得到迅速开展。

1987 年 4 月，中国成立了中国软式网球协会。

1987 年 8 月，首届全国软式网球邀请赛和中日大学生对抗赛在昆明海埂训练基地举行。

中国软式网球协会决定，每年举行一次全国锦标赛，到 1994 年共举行了 8 届。从 1995 年开始，又增设了全国青少年软式网球锦标赛和全国软式网球冠军赛两次赛会。

第二节 特点与价值

软式网球运动是深受人们喜爱、极富乐趣的一项体育活动。它既是一种消遣，一种增进健康的方式，也是一种艺术追求和享受，当然它还是一种扣人心弦的竞赛项目。

一、特点

软式网球运动受到全世界人民的喜爱，具有其自身的特点和价值，与网球运动既有相同之处，又有区别。

（一）提高身体素质

软式网球运动对发展人的全面的身体素质具有积极的促进作用。比如，打软式网球需要长时间连续来回地移动和击球，这能使人的反应灵敏、起动快、移动迅速，并能在较长一段时间内保持这种快速活动能力。

（二）锻炼协调能力

软式网球运动中有力地抽击球和凶猛地高压球，都需要较好的力量素质。因此，打软式网球可以培养锻炼者动作迅速，判断准确，反应快的能力，并能提高速度、力量、耐力和灵敏性等身体素质，对发展协调性有积极作用。

(三)独特的欣赏价值

软式网球独特的欣赏价值体现在它特有的美的艺术氛围上。软式网球除了讲究实用之外，从场地设施到器材使用，以至比赛环境的布置，可以说无处不注意美的氛围的营造。运动员在软式网球场上的一些动作，往往更富于一种特殊的动态美感。

二、价值

软式网球运动是一项把竞争性、文化性、观赏性和参与性有机结合在一起的极具魅力的体育项目。它既有悠久的历史，又不断地得到普及和发展，是深受群众喜爱的时尚健身运动。

(一)提高工作效率和学习效率

经常打软式网球能使我们保持充沛的精力，并能增强记忆力，提高工作和学习效率，还能使神经系统的灵活性和持久性得到很大的提高。

(二)调节情绪、振奋精神

打软式网球，文明、高雅且动作优美，每打出一次好球，都会使人感觉兴奋异常，愉快无比。

(三)促进青少年身心发展

打软式网球需要具备敏捷的思维、快速的反应和准确的判断。青少年参加软式网球运动不仅可以强身健体、益脑增智，还可以培养自立、自强、自信、协作、忍让、守纪和进取的能力，并学会处理个人与同伴的关系，提高社会活动能力。

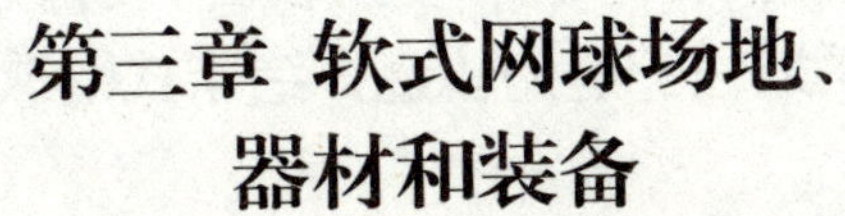

第三章 软式网球场地、器材和装备

软式网球运动与网球(硬式)运动的技术和战术虽然基本相同，但由于它们的场地和器材有些不同的地方，所以导致他们的技战术有一些不同。

第一节 场地

软式网球场地是运动员进行练习或比赛的场所，一般打软式网球要有专门的场地，对球场的要求较高，没有好的场地，就不会轻易判断出球在落地后的运动轨迹，给软式网球运动的参与者带来不便。

一、规格

（一）内场

（1）比赛场地是一个平坦的长方形，长 23.77 米，宽 10.97 米，两块场地间的距离不小于 5 米；

（2）中央用球网划分成两个相等的半场，靠近球网的 4 个长方形区域为发球区；

（3）比赛开始时的发球必须落在对方对角的发球区内，才算有效（见图 3-1-1）。

（二）外场

（1）外场是指比赛场地周围的空地，它与比赛场地在同一水平面上，用挡网围起，保证比赛不受阻碍；

（2）外场的宽度，端线后应不小于 8 米，边线外应不小于 6 米；

(3)如有两个以上场地相连时，各场地边线之间的间隔以不少于 5 米为原则。

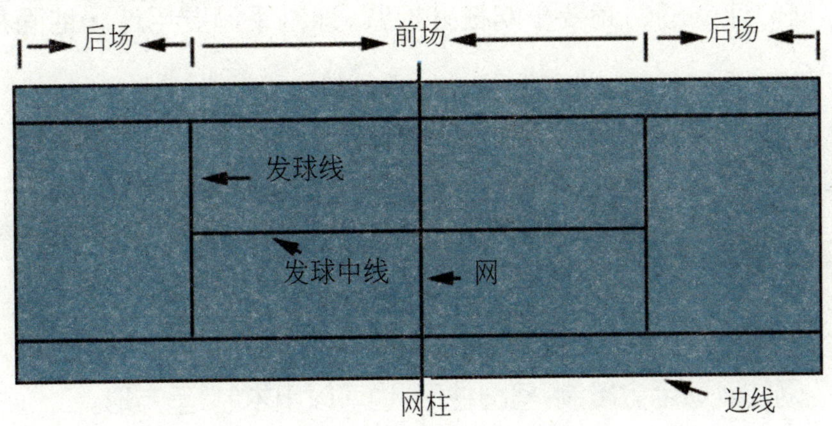

图 3-1-1

二、设施

(一)球网

1.规格

高度为 1.06 米，长度为 12.65 米。

2.构造

网丝为钢丝，颜色为黑色，绳长度为 15 米，直径为 4.5 毫米。上端网边用两面宽为 5～6 厘米的白布包住。

3.要求

(1)网孔不得超过 3.5 厘米；

(2)球网张开拉起时的高度在边线上丈量为1.06米,并要拉成水平;

(3)球网的两端要于网柱处拉紧,球网下沿要与球场地面相接。

(二)网柱

1.规格

网柱边长为12厘米,直径为7.5厘米。

2.构造

网柱既可用金属制,呈圆柱形,也可以用木制,呈方形。

3.要求

网柱安装在边线中央的外侧位置上, 网柱与边线在同等距离处垂直,加以固定。

三、要求

(1)内场地原则上为白色,线宽5~6厘米;

(2)场面排水坡度,从场地中央到端线的上下高度不得超过10厘米。

第二节 器材

软式网球运动离不开器材,它包括球拍和软式网球。一名好的运动员如果没有一支好的球拍, 对其技术的发挥会产生很大的影响；同样球也很关键，好的球能使运动员准确判断出其运动轨迹，轻松地打出自己理想的球，所以初学者需要了解球拍和球的相关知识。

一、球拍

（一）规格

球拍长为 69 厘米；球拍拍框一般呈椭圆形，其长度为 32 厘米，宽为 22 厘米；拍柄长为 37 厘米。

（二）构造

球拍的击球面必须是平的，由弦线编织而成。球拍应是木、金属及其他材料制成，拍框上要穿织网弦（见图 3-2-1）。

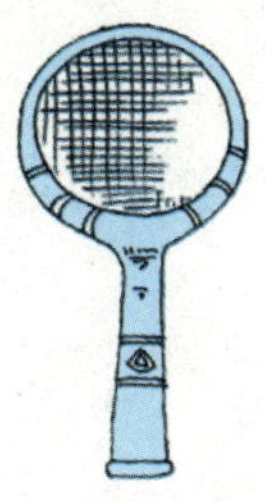

图 3-2-1

（三）要求

（1）每条弦线必须与拍框联结，特别是中心密度不能小于其他任何区域；

（2）因球拍穿织网弦的方法而给球带来特殊影响时，不准再使用这种球拍；

（3）尽量选择石墨玻璃纤维或碳性纤维材质的球拍，因为它的弹性好，不伤手腕和臂关节。

二、球

（一）规格

重量为 30～31 克；直径为 6.6 厘米，可以增减 1 毫米（见图 3-2-2）。

（二）构造

球是由橡胶制成的，并有空孔可注入空气，它的颜色应为白色。

（三）要求

（1）当测试球的弹性时，把球由高度 1.5 米的地方放到地面，其反弹高度需调整到不少于 70 厘米和不超过 80 厘米的高度（测量点在球的底部)；

(2)选择软式网球一要从质量和价格两方面考虑，二要看自己打球的体会和感觉；

(3)软式网球应具备良好的弹性，用手指按压时软硬适中。

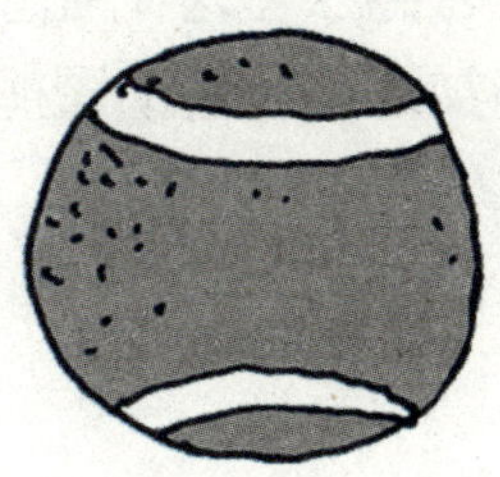

图 3-2-2

第三节 装备

一名好的软式网球运动员不仅要有好的球拍和球，还要有一身适合打软式网球的装备，包括服装和球鞋等。服装只要适合跑动即可，但对球鞋要求较高。

一、服装

（一）款式

现在的软式网球服装，男子多为T恤型的短裤，女子多为连衣短裙或短衫及短裙，也有女球员穿运动短裤的。

（二）要求

（1）服装要便于活动，面料一般为吸汗性和透气性较好的棉制品；

（2）要整洁干净，以表示对对方、裁判员及观众的尊重。

二、球鞋

（一）款式

（1）软式网球鞋的种类很多，从鞋面质地上讲，主要有皮革和帆布两类，鞋面上有包裹大脚趾部位的皮革或帆布，防止过度磨损；

（2）鞋底较平，多为耐磨的橡胶或其他材料，一般人字纹的鞋底比较适合沙土场地，而辐射状纹的鞋底适合于所有场地。

（二）要求

（1）打软式网球时的急停和起动等动作对踝和膝关节的压力较大，因此好的球鞋应具有较好的缓冲性能；

（2）软式网球鞋还应该能够提供向前、向后和其他方向变化的支撑功能；

（3）软式网球鞋要穿着舒适、结实耐用、活动便捷。

第四章 软式网球基本技术

要想打好软式网球，必须掌握软式网球的基本技术，包括握拍方法、准备姿势、发球、接发球、正手击球、反手击球、高压球、挑高球、截击球、放短球、反弹球、基本步法和击球五要素等。

第一节 握拍方法

打软式网球有 4 种基本握拍方法，即东方式握拍法、大陆式握拍法、西方式握拍法和双手握拍法。

一、东方式握拍法

东方式握拍法也称为握手式握拍法，握拍时拍面与地面垂直，大拇指与食指呈"V"字形，握在拍柄中部，包括正手握拍和反手握拍两种。

(一)正手握拍

东方式正手握拍适用于平击球和上旋球，动作方法（见图 4-1-1)是：

(1)将"虎口"放在拍柄右侧棱上，食指关节放在拍柄右上侧棱上；

(2)拇指环绕拍柄，在拍柄上伸展食指，以增强力量和适应性。

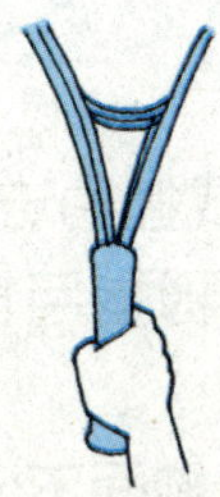

图 4-1-1

(二)反手握拍

反手握拍适用于上旋球和削球,动作方法(见图 4-1-2)是:

(1)将"虎口"放在拍柄左侧棱上,食指关节放在拍柄左上侧棱上;

(2)拇指环绕拍柄,在拍柄上伸展食指,以增强力量和适应性。

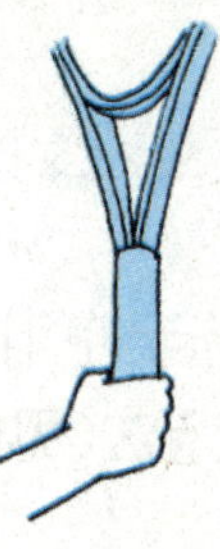

图 4-1-2

二、大陆式握拍法

大陆式握拍法也称英国式握拍法，动作方法(见图 4-1-3)是：

(1)拍面与地面垂直，大拇指与食指呈“V”字形，握在拍柄中部；

(2)大拇指与食指互相接触面不分开。

图 4-1-3

三、西方式握拍法

软式网球运动中有不少选手使用西方式握拍法，这种握拍法在打高球时有很大威力，动作方法(见图 4-1-4)是：

(1)拍面与地面平行；

(2)手掌从上面握住拍柄。

图 4-1-4

四、双手握拍法

双手握拍法的击球力量相对单手来说较小，因为双手握拍的挥拍距离较短，手臂不能充分伸展击球，但是双手握拍比较容易控制球的方向。使用双手握拍的运动员人数很少，因为在步法上它也要比单手击球多跑一步，要有很好的体力才能适应。双手握拍法包括双手正手握拍和双手反手握拍。

（一）双手正手握拍

双手正手握拍控球较稳，力量相对较小，动作方法（见图 4-1-5)是：

(1)面向对方场区站立，两脚开立略宽于肩，两眼注视对方或来球；

(2)左手在后，靠近拍柄末端，右手在前，紧靠左手，握在拍柄上；

(3)右手通常以东方式正手握拍为主；

(4)左手作为辅助，介乎于大陆式和东方式反手握拍法。

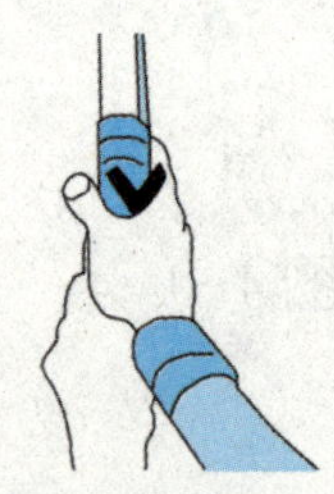

图 4-1-5

(二)双手反手握拍

双手反手握拍控球较稳，力量相对较小，动作方法（见图4-1-6)是：

(1)面向对方场区站立，两脚开立略宽于肩，两眼注视对方或来球；

(2)右手握法介于东方式和大陆式手握拍法之间，辅助的左手使用东方式正手握拍法，这样可以固定拍面，增强击球力量；

(3)右手握拍柄，左手扶着拍颈部分，持拍于体前；

(4)两膝略屈，上体略前倾，脚跟略提起，重心置于两脚前脚掌间，保持便于迅速起动的状态。

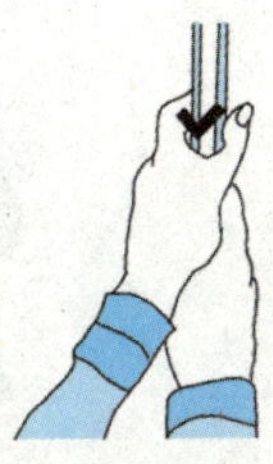

图 4-1-6

第二节 准备姿势

准备击球是一种临战状态，因此准备姿势应以自然、灵活、机动的姿势为佳，动作方法（见图 4-2-1）是：

（1）面向对方场区站位，两脚分开站立，略宽于肩；

（2）右手握拍柄，左手扶住拍颈部位，持拍于体前；

（3）两膝略屈，上体略前倾，脚跟略抬起，重心置于两前脚脚掌间，保持便于迅速起动姿势；

（4）两眼注视对方或来球。

图 4-2-1

第三节 发球

发球是比赛开始的第一个动作，是进攻的开始，它是软式网球技术中非常重要的一项技术，特别是在硬地和草地球场上发球更显重要。好的发球应该具有较强的攻击性，使发出的球在速度、力量、旋转和落点方面有不断的变化，造成对方接发球困难而直接得分，或造成反击机会。

在现代软式网球运动中，发球技术是非常重要的，是唯一由自己控制的击球法，可以不受对方制约，能在较大程度上发挥出个人特点，用以控制对方，为自己进攻创造有利条件。为此，运动员必须全面掌握各种发球技术，以便在比赛中争取主动。发球技术一般分为平击发球和旋转发球，对于青少年初学者来说，应该掌握平击发球技术。

一、发球

发球动作分为准备动作、抛球、击球和随挥 4 个步骤。

（一）准备动作

准备动作的动作方法（见图 4-3-1）是：

（1）用大陆式握拍法或东方式反手握拍法，全身放松，侧身站立在端线外中场标记线旁（单打）；

（2）左肩对左侧网柱，面向右侧网柱，两脚分开，约同肩宽，左脚与端线约呈 45°角，右脚约与端线平行，重心在左脚上，左手持球，轻托球拍于腰部，拍端指向前方，呼吸均匀，精力集中。

图 4-3-1

(二)抛球

抛球与后摆抛球及后摆拉拍动作同步开始，动作方法（见图4-3-2)是：

(1)持球手拇指、食指和中指轻轻托住球，掌心朝上；

(2)当球拍向后下引时，持球手同时下降至右腿处，当球拍从身后向头上方做大弧度摆动，身体做转体、屈膝、展肩时，持球手柔和地在左脚前上举，伸高至头顶；

(3)抛球动作要协调、平稳，球送至最高点再离开手指，抛向空中，此时右肘向后外展，约同肩高，拍端指向天空，左侧腰、胯呈弓形，身体重心随着抛球开始先移向右脚，然后平稳地开始前移，此刻肩与球网的夹角为直角。

图 4-3-2

(三)击球

击球的动作方法(见图 4-3-3)是:

(1)左手抛出球,球拍继续向上摆起,握拍手的肘关节放松,可以使向前转动的身体和右肩使手臂自动产生一个完美的绕圈;

(2)当球下降至击球点时,迅速向上挥拍击球,左脚上蹬,使手臂和身体充分伸展,当身体向前上方伸展击球时,肩、手臂回转,双肩与球网平行;

(3)挥拍击球时,持拍手腕带动小臂,有一个旋内的"鞭打"动作,它是发球发力的关键动作,也是其他诸如重心前移、蹬腿、转体、挥拍等力量的聚集点;

(4)随挥动作球发出后,身体向场内倾斜,保持连续完整的向前上方伸展的随挥动作;

(5)球拍挥至身体左侧(美式旋转发球,球拍随挥至身体右侧),重心移向前方,做到自然跟进,并保持身体平衡。

图 4-3-3

（四）随挥

击中球时，虽然挥拍击球动作已告完成，但整个发球过程却仍在继续。到达击球点后，球员应顺着身体及挥拍惯性做收腹、转肩和收拍动作，最终拍子由大臂带动，收向持拍手的异侧体侧，结束整个发球动作（见图 4-3-4）。

图 4-3-4

二、发球分类

发球基本分为三类，即平击发球、切削发球和上旋发球。每一种发球都有自己的特点和用途，好的发球具有相当大的攻击力，并使发出的球在速度、力量、旋转和落点等方面有所变化。

(一)平击发球

平击发球在各种发球中属于球速最快的发球法，也叫炮弹式发球，特点是球速快、反弹低、力量大、威胁大，但命中率较低。如果身材高大，可以借助高点击球的空中优势直接进攻对方，如果身材较矮小或女选手则不宜使用平击发球，动作方法(见图 4-3-5)是：

(1)发平击球时的击球点应在身体的右眼前上方；

(2)以拍面中心平直对准球，击球后中上部，此时手腕的向前鞭甩和前臂的“旋内鞭打”非常重要，身体充分向上、向前伸展，以获得最高击球点，提高发球命中率。

图 4-3-5

（二）切削发球

切削发球是一种以右侧旋转，略带下旋为主的发球法，即由球的右上往左下切削击球，特点是球速快，威胁大，而且容易提高发球命中率，为此被世界各国多数运动员所采纳，动作方法（见图4-3-6）是：

(1)发球时把球抛到右侧斜上方，球拍快速从右侧中上方向左下方挥动；

(2)击球部位在球的中部偏右，使球产生右侧旋转。

图 4-3-6

（三）上旋发球

上旋发球是以上旋为主，侧旋为辅的发球法。由于球的上旋成分多于切削发球，使球产生一个明显的从上向下的弧形飞行轨迹而过网，特点是发力越强，旋转成分越大，弧形就越大，命中率也就越高，落地后高反弹到对方的左侧，迫使对方离位接球，造成很大压力，同时为发球上网带来足够时间，动作方法（见图 4-3-7）是：

（1）发上旋球时把球抛到头后偏左位置；

（2）击球时身体尽量后仰呈弓形，利用杠杆力量使球旋转，球拍快速从左向右上方挥动；

（3）从下向上擦击球的背面，并向右带出，使球产生右侧上旋。

图 4-3-7

第四节 接发球

接发球是一项很复杂的技术，在接发球动作中，有时打正拍，有时打反拍，有时也挑高球，而这些技术的难度比一般来回击球的难度要高得多。这是因为发球队员处于主动地位，接球队员则处于守势的缘故，球一发出，接球队员立即要对球的速度和旋转作出快速的判断。接发球技术的动作方法是：

（1）做好准备姿势以后，应把注意力集中在发球队员以及即将抛出的球上，要保持头脑清醒，不要理会其他运动员，也绝不要受场外任何干扰；

（2）当对方球已发出时，接球者用脚掌踮起，以减少身体惰性的影响，这样提起身体，有利于在判明来球方向时，做转体动作；

（3）接发球完成动作的时间比一般的落地球要少，就是说接球方要准备得更快些，后摆距离也要缩短些；

（4）面对一个快速发球，根本没有更多的时间做出反应，以及正常的后摆和击球，因此不得不缩短后摆动作，并把注意力集中在出拍击球上；

（5）准备接发球时，对于飞来的球体必须系统判断，从球离发球队员手之前，到它跳起被球拍击到之时，眼睛始终不能离开球；

（6）接发球时站立的位置最好在端线上，站在这个位置，有时间做出反应、准备和击球，但是，如果发球队员的第二发球很弱，速度很慢，便可以踏进场内早些击球，给发球队员施加压力，减少他的准备时间，以便对他的发球动作以及发完球后下一次击球造成影响；

（7）接发球时，握拍要紧，手腕也要绷紧，特别在接力量很大的发球时，更要注意；

（8）接发球后，应移动到对方可能回球的中心地区，随挥动作一结束，身体就要移动，准备对方的下一次回击，并立即移动到自己场地中央。

第五节 正手击球

正手击球是初学者先应该学习的击球动作，它是网球技术的基础,因此必须很好地掌握。正手击球为进攻性击球,不能作为防守手段，常用于对方回球的位置在身体右侧时，动作方法（见图4—5—1)是：

(1)以右手东方式反手握拍法为例,右手握拍者从准备姿势开始,移动到来球位置,最后一步应左脚在前,身体左侧朝向来球方向；

(2)将球拍充分向后挥摆,拍端翘起,指向后方,手臂伸展,眼睛注视来球；

(3)拍触球时拍面和手掌要与地面保持垂直,击球中部,手腕固定,握紧球拍,要有“以手掌击球”的感觉,上臂和腰部随身体转动,向前上方协调配合用力,身体重心从右脚逐渐移到左脚；

(4)击球后球拍随势挥至身体的左侧前上方,随球动作完成后迅速还原,恢复成准备姿势。

图 4—5—1

第六节 反手击球

初学软式网球时，一般人都认为反手击球很难，然而一旦掌握了反手击球的要领，就可以正确而轻松地运用了。掌握正确的反手击球技术，对于成为一个技术全面的运动员至关重要，特别是在比赛中，反手常常是被对方攻击的薄弱点。反手击球包括单手反手击球和双手反手击球等。

 一、单手反手击球 

反手击球常在对方回球位置在自己身体左侧时使用，特点是击球更自然，对于初学者容易建立良好的平衡，但是反手击球不是大力武器，不能避开正手打反手，因为正手更容易发力，动作方法（见图 4-6-1）是：

（1）以右手东方式反手握拍法为例，当来球飞向反手方向时，右手握拍者从准备姿势开始，移动到来球位置，最后一步应右脚在前，身体右侧朝向来球方向，用非握拍手帮助球拍向左后方挥摆；

（2）在迎球过程中，挥拍手臂与向右转体动作相配合，使球拍由低向高挥动，击球点在身体左前方，高度在膝、腰之间；

（3）拍触球时手腕固定，握紧球拍，拍面与地面保持垂直，击球中部，要有球拍和球接触的时间越长越好和“以手背击球”的感觉，不要把整个手臂抬起，或有耸肩动作；

（4）击球后球拍随势挥至身体右侧前上方，身体重心从左脚逐渐移到右脚，然后迅速还原成准备姿势。

图 4-6-1

二、双手反手击球

双手反手击球的动作方法是(见图 4-6-2):

(1)从准备姿势开始;

(2)右脚在左脚前,引拍到来球方向,拍触球时手腕固定,握紧球拍,拍面与地面保持垂直,击球中部;

(3)击球后球拍随势挥至身体的右侧前上方,身体重心从左脚逐渐移到右脚,然后迅速还原成准备姿势。

图 4-6-2

第七节 高压球

高压球又称扣杀球，为将对方挑过头顶的高球，自上而下扣压到对方场区的击球动作。高压球在现代软式网球比赛中不可缺少，在双打比赛中尤其重要，常在对方打出较高球时使用，动作方法（见图 4-7-1）是：

（1）大都采用大陆式握拍法，如果对方打来的球是高球，就要移动身体，在身体右前方的高点击球，这时要及时侧身，迅速将球拍举到肩的高度，左臂轻轻向上伸展，以保持身体平衡；

（2）此时的体姿较低，右脚向后收，重心随着左脚的迈出向前移，以增强挥拍力量，右腿膝部应放松；

（3）肘、腕自然弯曲，像挥鞭一样，击球点在伸展开的左手上方，在高点上猛力地击球，在挥击过程中，身体的重心从右脚移向左脚，到随挥时重心已完全放在了左脚。

图 4–7–1

第八节 挑高球

挑高球即向上击球。在现代网球比赛中，挑高球可以作为一种防守手段，但更主要的是将其作为一种进攻手段来使用，动作方法（见图 4–8–1）是：

（1）挑高球的基本动作与正手击球类似；

（2）不同的是在击球的一瞬间，球拍上扬，挥拍弧线向前上方，向上打出高球，随挥幅度更大。

图 4-8-1

第九节 截击球

截击球是指在对方来球未落地之前加以回击，是一种攻击性击球方法。在现代软式网球比赛中，截击球的一个突出特点就是“快”。上网截击是经常使用的战术，不论是在单打比赛中，还是在双打比赛中，谁占据了网上的有力位置，谁就控制了整个局面。截击球常用于网前进攻，降低对方回球角度，是得分的重要手段，特点是具有极强的进攻性，有较大的威力，速度较快。截击球技术分为正手截击和反手截击，基本动作方法大致相同，只是方向相反。

一、正手截击

正手截击的动作方法（见图 4-9-1）是：

(1)以右脚为轴，通过迈出相反一侧的脚来帮助移动重心；

(2)后摆后正手击球要向右斜前方迈左脚，身体重心向前移，击球时手腕固定，拍面与地面保持垂直。

图 4－9－1

 二、反手截击 

反手截击的动作方法(见图 4－9－2)是：

(1)以左脚为轴，通过迈出右脚来帮助移动重心；

(2)后摆后向左斜前方迈右脚，身体重心向前移，击球时手腕固定，拍面与地面保持垂直；

(3)反手击球时，击球点比正手要更靠前，截击球的随挥动作幅度不能像击落地球那样大，略向前送出即可。

图 4-9-2

第十节 放短球

放短球是一种运用较少的击球方法。常用于处理网前球，在对方被打得远离球场，无法回到正确防守位置的情况下使用，特点是

击球时先给人以打一般落地球的印象，击球一瞬间减慢挥拍，轻柔地擦击球，使之过网后，能在对方赶到之前落下，动作方法（见图4-10-1）是：

（1）动作方法同长抽球动作，使对方不易鉴别是长抽还是短打；

（2）动作要尽可能隐蔽，使对方无法判断，后摆和前挥动作同正、反拍侧旋球，球拍在高于球的飞行路线上及早地向后摆起；

（3）在球拍接触球的刹那间放松手腕，用拍面轻轻地削击球的侧下部，拍面大约以 45° 的开角从球的侧下方向下滑动，使球产生侧下旋，击球后没有随挥动作，球落地后弹起很低、很短。

图 4-10-1

第十一节 反弹球

喜欢打反弹球的人为数不多，经常在发球线和端线间的无人区内，对方将球送到自己脚下时使用，动作方法（见图 4-11-1）是：

(1)双腿屈膝，重心下降；

(2)后摆不要过大，动作应紧凑；

(3)手腕固定，保持拍面与地面垂直，眼睛紧盯来球；

(4)随挥动作要小，这样更容易控制力量。

图 4—11—1

第十二节 基本步法

软式网球比赛中运动员跑动是否迅速、步法是否灵活至关重要。在软式网球的各种击球动作中，人必须与球保持一个适当的距离，而且要有一个合适的站位，这样才能得心应手地打出各种好球。步法包括开放式步法、闭锁式步法、滑步、左右交叉步和向侧后移动交叉步等。

一、开放式步法

开放式步法是运用次数最多的步法，特点是跑动距离小，在身体附近击球，包括前上步、跨步、踮步和跑步等，动作方法（见图4-12-1）是：

（1）两脚平行站立，两腿呈半蹲姿势，目视前方；

（2）当对方回球后，迅速判断出球的飞行轨迹及落点；

（3）上步或跨步击球，要求站立时身体放松，启动要快。

图 4-12-1

二、闭锁式步法

闭锁式步法通常在打反手球时使用，动作方法（见图 4-12-2）是：

一脚在身体的侧前方，另一脚在后，身体做好准备击球姿势，目视来球，准备击球。

图 4-12-2

三、滑步

滑步对于开放式步法和闭锁式步法来说，是一种移动距离相对较大的步法，动作方法(见图 4-12-3)是：

身体做好准备击球姿势，面对来球，两脚平行移动，准备击球。

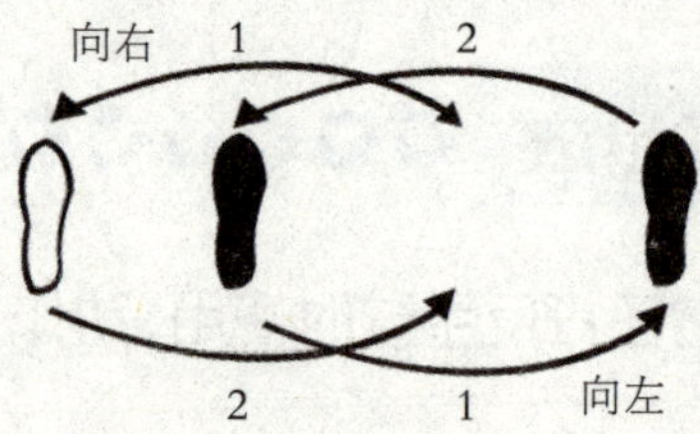

图 4-12-3

四、左右交叉步

左右交叉步是一种移动范围较大的步法，特点是在身体的远端击球，动作方法(见图 4-12-4)是：

一腿先向体侧迈一步，然后再以此脚为轴，另一脚向体侧迈两步。

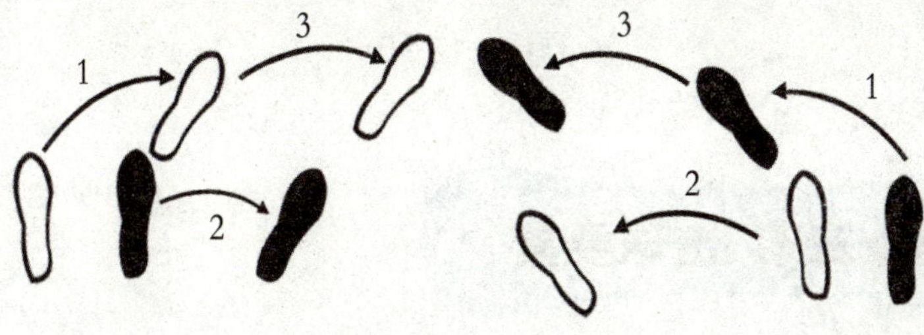

图 4-12-4

五、向侧后移交叉步

向侧后移动交叉步的基本动作方法和左右交叉步一样，只是一个向体侧运动，一个向身体侧后方运动，对于初学者来说，要灵活掌握(见图 4-12-5)。

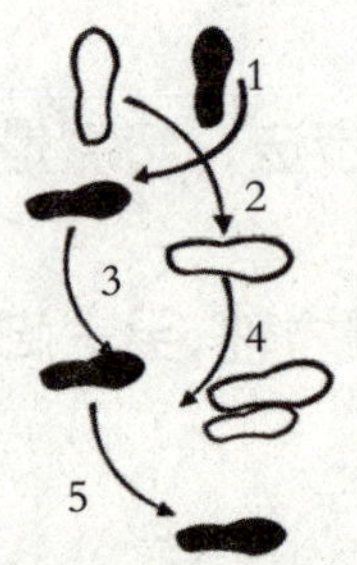

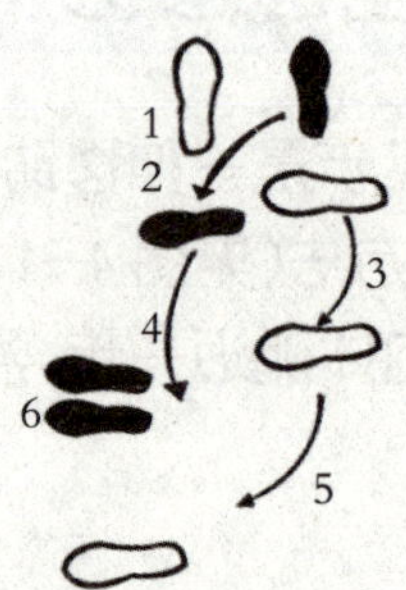

图 4-12-5

第十三节 击球要素

击球质量的好坏关键在于能不能掌握击球技术的要领，在比赛中，要想打出质量较高的球，使对方很难接住，就要经常练习，掌握好击球的几大要素，包括击球深度、击球角度、击球速度、击球力量和击球旋转等。

一、击球深度

击球深度是指击球者击出的球在场内距端线的远近程度。落点距端线近，为落点深；落点距端线远，为落点浅。击球时，落点要达到一定的深度，这是因为：

（1）球打得深，球飞行的时间长，就能有较长的时间为还击对

方击来的球做准备，这是使自己摆脱被动、争取主动的好方法；

（2）球深时，球弹跳后越过端线，迫使对方在端线后击球，使对方上网截击产生困难；

（3）深球可以缩小对方回球的角度，缩短自己左右奔跑击球的距离，减小击球的难度，提高击球的命中率。

总之，击球者将球打深，不仅是技术上的要求，更是提高战术意识与战术方法的需要。

二、击球角度

击球角度是指击球后球的路线与原定参照物与击球点连线之间的角度关系。例如：击右方斜线球，可将右边线作为参照物线，球的落点距右边线越远，右方斜线击球的角度越大；若把对方作为参照物，球被击出后，落点距对方越远，击球的角度就越大。

击出的球角度越大，攻击性越强，这是因为：

（1）大角度的击球可以调动对方，尤其是大角度的斜线球，能将对方拉到边线外，使对方场上出现空当，从而攻击空当得分；

（2）大角度球有时能直接得分，特别是在破网时打出角度大的球效果更明显。

总之，对练习者提出打角度球的要求，是提高技术水平和战术意识的需要。

三、击球速度

击球速度的判定，取决于从对方击出的球飞至网上到被我方

将球击出触及对方场地内的物件为止(包括球落地、球被对方截击等)的这段时间的长短。

这段时间可分解成两段来理解：第一段时间是球至网上到球拍击球,减少这段时间的方法是提前击球,最好球一过网就击球,比如截击球、高压球就是利用这一原理加快击球速度的具体方法;第二段时间是从球拍击球到球触对方场内物件，减少这段时间的方法,是加快球运行的速度和缩短击球点到对方场地落点的距离。打网球时,尽力减少这两段时间,是提高击球速度的基本方法。击球时,要注意提高球速,这是因为:

(1)提高球速可以缩短对方观察、判断、分析、选择及运动击球这一“连锁”的时间,给对方造成匆忙、勉强、被动的还击,从而使其击球的命中率降低、击球的威胁性减小;

(2)快速飞行的球给接球者球拍的作用力大,球拍的反弹力也大,接球者控制不好,球就有可能出界;

(3)球速快时,接球者容易看不清球飞行的路线,经验不足的人,容易击球失误。

四、击球力量

击球力量的大小,是通过球运行的快慢来表现出来的。击球力量越大,打出的球向前飞行的速度就越快。

要想增加击球的力量,就必须从以下几点做起:

(1)注意身体的力量练习,使腿、腰、臂的力量不断增加,并在整个击球过程中,做到各部分力量协调配合,爆发用力;

(2)击球时,拍面应尽量保持垂直,减少对球的摩擦,力量完全用在打击球上;

(3)击球时,引拍动作略大些,增加球拍前挥的加速距离,在球拍向前挥动速度最快时击球;

(4)选择合适的击球点,即在球拍前挥速度达到最快,整个身体感到最舒服的点;

(5)整个击球过程中,全身肌肉不要太紧张,以免影响肌肉的收缩发力效果。

五、击球旋转

击球时,球拍给球的作用力线不通过球心时,球就会产生旋转。旋转的球在空中飞行的弧线、落地后弹起的弧线与不旋转时不同。

旋转的作用是利用旋转制造合适的击球弧线,提高击球的命中率,还能利用旋转的变化干扰、破坏对方的击球,使对方击球失误。

在网球运动中常见的旋转有 3 种,即上旋球、下旋球和侧旋球。

(一)上旋球

上旋球的特点是在空中飞行时下落比较快,落地后向前冲,弹得低而快,动作方法是:

球拍略前倾,从下向前上擦击球的中上部。

（二）下旋球

下旋球的特点是落地后弹得高，球不往前走，动作方法是：球拍略后仰，从上向前下擦击球的中下部。

（三）侧旋球

侧旋球的主要特点是落地后向左、右两侧跳，动作方法是：球拍侧后仰，由左后上或右后上，向右前下或左前下，擦击球的左中下或右中下部。

提高击出旋转球的能力要通过用力摩擦球的方法来实现。对付旋转球要视旋转种类区别对待，具体方法是：

（1）截击下旋球时，拍面要略后仰，以防下网；

（2）抽击下旋时，拍面向前上方用力，弧线较高；

（3）回击侧旋球时，要降低重心，球拍在正常弹跳的右侧或左侧等球。

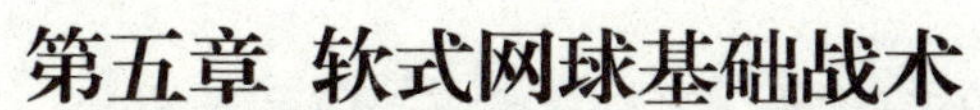

第五章 软式网球基础战术

软式网球基础战术是指网球运动员在比赛中通过观察和判断，有目的、有意识地合理运用自己掌握的各种技术的能力。网球战术分为单打战术和双打战术等。

第一节 单打战术

软式网球单打战术分为发球战术、接发球战术、网前交锋战术、底线作战战术、挑高球战术和高压球战术等。

一、发球战术

发球不仅是比赛的开始，更是一种进攻的手段，其目的是直接得分，或使对方处于被动局面，为得分创造机会。因为发球不受对方的任何干扰，是一个完全独立自主的行为，所以可根据对方的具体情况，采用各种不同的发球技术。

(1)发球时站位要考虑两个方面因素，一方面要考虑有利于进攻，另一方面还要考虑便于下一个动作的转化；

(2)由于发球都有两次机会，第一次发球就可以利用攻击性最强的发球方式，一种是大力发球，主要利用速度制服对方，另一种是找位置发球，主要利用准确的落点，造成对方接发球困难；

(3)第一次发球失误后，第二次发球时必须先注意发球的把握性，在把握性的基础上尽量增加发球的攻击性。

二、接发球战术

接发球的好坏不仅与接发球技术有关，同时又与接发球时采用的战术有很大关系。接发球战术包括接发球时所站的位置、接发球时的准备姿势，以及移动和反击技术等。

（1）选择接发球站位，要根据自己的技术特点，同时也要考虑到对方发球的特点及发球的位置，要有利于自己向左右移动，做正反手击球；

（2）准备接球时，一般要正面对网，两脚自然分开站立，约与肩同宽，双手扶住拍柄并使拍头向前，重心落在前脚掌上；

（3）若想由被动防守快速转为积极进攻，必须加强接发球的反击力量，造成对方位置上的不利和击球的困难，为自己上网创造机会。

三、网前交锋战术

在现代软式网球比赛中，网前交锋战术已经成为争取主动，战胜对方的一种重要战术，同时也是进攻性最强的战术，是每个软式网球爱好者都必须掌握的战术。

（1）选择上网时机和上网前的击球方式非常重要；

（2）上网后应根据自己网前技术的能力，尽可能靠近网，离网越近进攻角度越大，控制的面积越大；

（3）上网后的击球绝对不要用挡击，而应该进行攻击性击球，要争取在球高于球网时回击，采用快速击球或高压大角度击球。

四、底线作战战术

在现代软式网球比赛中，底线作战虽说比较被动，使自己处于防守地位，但它同时又是一种不可缺少的基本战术。底线作战以攻击性的正、反手击球及过人击球来得分，其战术方法是：

（1）底线击球必须将球打向对方够不着的地方，使对方处于不利地位，或攻击对方弱点而使其失误；

（2）每个运动员都有各自的特点，有的善于网前交锋，有的善于底线作战，还有的属全面型选手，一旦发现对方的弱点，就应设法迫使其采用不擅长的战术，陷于战术上的被动；

（3）如对方属上网型运动员，在精神上不能受他的威胁，要沉着冷静，针对他的弱点进行反攻。

五、挑高球战术

挑高球战术包括防守和进攻两种形式。防守型挑高球应对球做下切动作，挑出时球略带下旋。这种球易于控制，不易出界，另外也不需要考虑假动作，只要挑高、挑深即达到了目的。进攻型挑高球意味着展开进攻，多在对方占领网前阵地时采用。这种球的特点是球的高度不高不低，以对方举拍够不着为度，同时还要有假动作，把球打出强烈的上旋，落入后场时急弹而出，使对方来不及抢救。

六、高压球战术

高压球是对付挑高球的最佳方法，将高球在落地前击出是取胜的最佳方法。打好高压球的关键是事前做好准备，找准位置，将球打到对方的空当，也可以打到对方场区的纵深处。打高压球要注意稳健，既不慌张，也不急躁，有时还要把球打出旋转，保证高压球的把握性和准确性。

第二节 双打战术

双打比赛为两人配合，控制面积较大，不易找到对方防守的漏洞，并且比赛速度比较快，因此要求运动员具有较高的战术意识，要求动作迅速，反应灵敏，并且要有高度的判断力、预见性和良好的配合能力。双打战术包括发球战术、接发球战术、网前交锋战术和底线作战战术等。

一、发球战术

在双打比赛中，一般都采用急速旋转的发球方法，即发向对方的是反拍，这是因为运动员的反拍大多击球力量较小，接发球者的反击角度更小。如对方采用挑高球，一般网前队员可以很容易地用正拍进行有力的高压扣杀。

二、接发球战术

接发球者一般处在不利的防守地位，因此应该采取变不利为有利的进攻技术，这就要求接球者必须掌握各种击球技术，适应对方的各种发球。一般来讲，接发球时首先要将球击回对方，其次要力争主动，再次要争取及时抢先上网。

三、网前交锋战术

双打的网前交锋速度相当快，双方队员都在网前，距离很近，因此要求球员必须具备更快的反应速度和高度集中的注意力。

四、底线作战战术

双打比赛要尽量避免在底线击球，这是最被动的局面，如果已经被迫退到了底线，则必须争取一切机会，创造条件抢先上网。

第三节 战术运用

在软式网球比赛中，球员为了能够有效地得到更多的分数，经常会根据自己最擅长的球技，使用最适合于自己的战术。根据球员战术运用的不同，可分为侵略底线型球员、防御底线型球员、发球上网型球员和全面型球员。

一、侵略底线型球员

侵略底线型球员又称攻击底线型球员，他们比较倾向于采取主动攻击，而不是防守。他们通常站在底线附近击球，并试图击出制胜球来得分。他们常击出速度很快的球，使得对方来不及赶到，或即使赶到也回击乏力。虽然他们也许不会试着一球解决，但常常一拍打左边，一拍打右边，直等到对方有空当出现。侵略底线型球员至少具有一种极佳的击落地球技术，通常是正手拍。当侵略底线型球员试图击出许多制胜球时，他们也容易造成许多失误。

 二、防御底线型球员 

防御底线型球员又称反击底线型球员。他们比较倾向于采取防御，比较不倾向于采取主动攻击。他们尽可能将所有的球都回击回去，然后等待对方的失误，试着依靠对方的失误来得分。他们击球非常稳，失误很少。防御底线型球员必须具有很快的移位速度和灵活的身手，以防守整个己方球场。

 三、发球上网型球员 

发球上网型球员拥有极佳的网前功夫，能够在网前灵活移位且截击的球感非常好。发球上网型球员在轮到自己发球时，只要一有机会就会上网。他们总是主动攻击，并且能够以多变化的截击和截击放小球的功夫击出许多制胜球。当轮到对方发球时，他们常使用“切球上网”的打法，将球击回并快速冲向网前。发球上网型球员的战略是施压于对方，迫使对方试图击出难度较高的穿越球。

 四、全面型球员 

全面型球员均擅长网前和底线技术。他们通常会主动进攻，混合使用底线击落地球和截击技术，迫使对方一直在猜测他下一步的打法。当全面型球员的底线功夫无法奏效时，他们会改为上网战术，当其上网功夫无法奏效时，他们又会改成底线击球战术。

第六章 软式网球比赛规则

软式网球运动与网球运动的规则和方法大体相同，只是在比赛时间、记分办法、报分和决胜局比赛时的换位等方面略有不同。

第一节 程序

软式网球比赛在世界范围内十分受关注和欢迎，其特有的程序和规则使软式网球运动更加具有观赏性。所以，对于初学者来说，了解网球比赛的规则和程序是很有必要的。

一、参赛方法

软式网球比赛的参赛办法与网球基本相同。大多数的国际比赛都是单项比赛，运动员多，场地少，又需要在短时间内决出冠、亚军，所以多采用单淘汰制，运动员要先报名，经过资格审查后才有机会参加比赛。

二、比赛方法

（一）比赛程序

比赛开始前，双方运动员用猜硬币的方法挑选场地或发球权，然后球员手握球拍站在球场两端。根据比赛规则，由一方先从右半区端线后开始发球，将球发到对方右发球区内，接球员必须在球落地后进行还击。球经过球网进行往返击球，直至某方击球落网、出界或连跳 2 次则为失误，对方得 1 分。然后发球员变换方位发球（换到左半区端线后向对方左发球区发球），接球员也随之变换位置接球。每次发球有两次机会，如第一次发球失误，还可以发第二

球(这时不换位)。如果两次发球都失误则为“双误”,对方得1分。运动员每胜一球得1分,先得4分者为胜1局,若各得3分时为平分,此后有一方须再连得2分才算胜该局。某方必须再连胜2局,才算胜该盘。为了控制比赛时间,当局数6比6平时采用平局决胜制方法,以决出该盘的胜负。

双打比赛的发球和接发球顺序如果事先已排定好,比赛中不得再更改,每盘结束后可重新排定。

(二)比赛规定

1.发球员和接球员

运动员各自站在球网的一边,先发球的运动员叫作发球员,另一边的运动员叫作接球员。

2.发球前的规定

发球员在发球前,应先站在端线后,中点和边线的假定延长线之间的区域里,然后用手将球向空中任何方向抛起,在球接触地面以前以球拍击球。发球员在整个发球过程中,不得行走或跑动改变原来的站位。

3.发球员的位置

每局开始发球时,发球员应先从右端线后发球,得1分后,应换到左发球区。这样每得1分就轮流交换发球位置。发出的球在对方还击前应从网上越过,落到对角的对方发球区或周围的线上。发球员每分球有两次发球机会。当第一次发球失误后,应在远发球位置进行第二次发球。如果球擦网后落入发球区内,应重发球。

第二节 裁判

软式网球比赛中会出现很多不同的情况，胜负的评定以场上的裁判为依据，因此裁判员要对场上可能出现的一切情况做好准备。

一、裁判员

软式网球比赛的裁判员是由组委会选派的。裁判员要熟悉软式网球的规则、竞赛规程和行为准则中的所有内容，并应按国际网联"裁判员职责和程序"进行工作。在比赛中应按照比赛要求着装，在开赛前负责召集双方运动员进入场地并选择发球权。

二、记分及评分

(一)胜一局

运动员每胜一球得 1 分，记分牌上显示得 1 分，得 2 分为 2 分，以此类推，先得 4 分者胜一局。但遇双方各得 3 分时，则为平分。平分后，一方先得 1 分时，为"发球占先"或"接发球占先"，占先后再得 1 分，才算胜一局；如一方占先后，双方又得 1 分，则仍为平分。以此类推，直到一方平分后净胜 2 分结束该局。

(二)胜一盘

男女单打采用七局四胜制,男女双打采用九局五胜制。单打或双打分别胜 4 局或 5 局为胜一盘。

(三)决胜局比赛的记分

单打决胜局每人发 2 分球换发球，开始双方得分之和为 2 分时交换场地,以后每得 4 分交换场地,直到该场比赛结束;双打决胜局先由发球方后卫发 2 分球,再由对方后卫发 2 分球,换由发球方前卫发 2 分球,再换由对方前卫发 2 分球。如此重复发球,换场地同单打,直到该场比赛结束。

三、规则

对于初学者来说需要简单了解软式网球的比赛规则。

(一)比赛的盘数

正式比赛时,男子单打和双打采取五盘三胜制,女子单打和双打、混合双打采用三盘两胜制。

(二)选择权

比赛前用掷钱币或旋转球拍的方法来决定选择场区或者发球

权、接发球权。选择发球或接发球者，应让对方选择场区；选择场区者，应让对方选择发球或接发球。

（三）发球顺序错误

发球顺序错误，应在发觉时立即纠正，但已获得的分数和已造成的失误都有效，如果发觉时全局已经结束，此后的发球顺序就以该局为准轮流发球。

（四）接发球顺序错误

接球顺序错误，发觉后仍按错误的顺序进行，等到下一接球局时再纠正。

（五）还击

接发球后，双方应轮流由其中任何一名队员还击，如果同队队员击球后，再以拍触球，则判对方得分。

（六）脚误

发球员在整个发球动作中，不得通过行走或跑动改变原来站立的位置，如果发球时两脚轻微移动而未变更原位，不算行走或跑动。发球员两脚只准站在端线后、中点和边线的假定延长线之间，不能触及其他区域。

(七)发球员的位置

每局开始发球时，发球员应先从右区端线后发球，得(失)1 分后，换到左区发球，这样每得(失)1 分就轮流交换发球位置。如果发球位置错误而未察觉，比分仍然有效，一旦察觉，应立即纠正。发出的球，在对方还击前，应从网上越过，落到对角的对方发球区内或其周围的线上。

(八)发球失误

运动员抛球后未击中球，或发出的球在落地前触及固定物(球网、中心带、网边白布除外)算作发球失误。

(九)第二次发球

发球员第一次发球失误后，应在原发球位置进行第二次发球。

嗒嗒球

第七章 嗒嗒球概述

嗒嗒球运动是一项将乒乓球运动和羽毛球运动有机结合起来的新兴的体育运动项目。它具有体育运动项目的竞赛性、趣味性、娱乐性和观赏性。这一运动的开展既不受场地限制，又不受年龄限制，已成为一项受人们普遍欢迎的体育健身运动。

第一节 起源与发展

嗒嗒球是一项我国拥有自主知识产权的运动项目，是我国在体育运动领域开辟新道路、创建新项目的尝试之一。

一、起源

嗒嗒球是一项由中国人发明的球类运动，是获得国家发明专利的新兴体育项目。

最初是一对父子偶然间用乒乓球拍打羽毛球，感受到了其中的乐趣。他们在器材上做了相应的改进，嗒嗒球便由此产生了。

二、发展

嗒嗒球从一开始就受到社会各界的关注，得到了国家体育总局的高度评价和大力支持，并被列为全民健身重点推广项目。这项运动因深具民族特色，被选为 2005 年人民大会堂首都各界春节大联欢的展示项目。

全国十运会期间，国家体育总局经过严格的评选，授予嗒嗒球为全国全民健身新兴体育运动优秀项目一等奖的荣誉称号。

2006 年 6 月，国家体育总局和教育部联合举办了全国嗒嗒球锦标赛，嗒嗒球运动的普及和发展由此进入了新的阶段。

第二节 特点与价值

嗒嗒球运动借鉴了乒乓球和羽毛球的特点，简单易开展、灵活性较强，具有很高的锻炼价值和社会文化价值。

一、特点

嗒嗒球运动易懂好学、打法灵活、竞技功能强、适用群体广泛，而且便于开展。

（一）易学好懂

嗒嗒球技术灵活多样，易教易懂，有乒乓球和羽毛球运动技术基础的人更是一学就会。

（二）打法灵活

嗒嗒球是将乒乓球运动与羽毛球运动有机融合在一起的一项体育运动，比赛时可将乒乓球的推挡、抽拉、搓球、扣球和拉旋球打法与羽毛球的吊球、挑球、放网前球和扣杀球等各种击球技术和步法结合起来，具有很大的灵活性。

(三)竞技功能强

嗒嗒球运动集体育运动的竞赛性、趣味性、娱乐性和观赏性于一体，可单打、双打、混合双打，可设单项，也可设团体赛。

(四)适用群体广泛

嗒嗒球运动适合各个年龄段的人，不管是男女老少还是正在康复中的病人，都可以通过嗒嗒球运动来达到健身的目的。

(五)便于开展

嗒嗒球的器材易拆装，携带方便，活动时不受场地的限制，不受气候影响，只要有一平整的地面即可。

二、价值

青少年经常从事嗒嗒球运动，可以提高身体素质、神经系统的反应速度、身体的机能水平和心理素质。

(一)提高身体素质

长期参加嗒嗒球运动，随着水平的不断提高，活动范围和运动量的加大，能使锻炼者的肌肉发达、结实、健壮，关节更加灵活稳固，从而提高身体素质。

（二）提高神经系统的反应速度

移动步法、调整击球的位置与拍面角度、进行合理的还击等，这一切活动都是在大脑指挥下进行的。所以，经常从事嗒嗒球运动，可以大大提高神经系统的反应速度。

（三）提高身体的机能水平

经常参加嗒嗒球运动，能使心血管系统的结构和机能得到改善，心肌变得发达有力，心容量加大，心脏的工作效率提高，这有利于加快身体的新陈代谢，有利于提高身体的机能水平。

（四）提高心理素质

嗒嗒球比赛是一种竞技比赛，激烈的竞争中成功和失败条件的经常改变，使参与者的情绪状态非常复杂。参与者可以通过这些变幻莫测、胜负难料的激烈竞争，体验种种情绪，逐渐提高心理素质。

(五)促进交流、增加友谊

经常参加嗒嗒球运动的人,可以相互交流经验、切磋球技,还可以相互学习、共同提高。通过这样的交流和学习能够建立良好的人际关系,达到增加友谊的目的。

第八章 嗒嗒球场地、器材和装备

场地、器材和装备是进行嗒嗒球运动所需的必要的物质条件。场地是开展嗒嗒球运动的前提条件，而良好的器材和装备是运动参与者发挥较高水平的必要保障。

第一节 场地

嗒嗒球的运动场地呈方形，根据年龄不同，场地分为成年组场地和少年组场地。

一、规格

（一）成年组场地

（1）场地长 8 米，宽 3.2 米；

（2）发球和接发球区线离两端 0.8 米，并与端线平行，这两条线的中点与端线的中点的连线构成了嗒嗒球场的中线，它把球场分为左右两个半区；

（3）球场中各条线的宽应为 4 厘米，需用胶带或油漆圈定（见图 8-1-1）。

（二）少年组场地

场地长 7 米，宽 2.6 米。

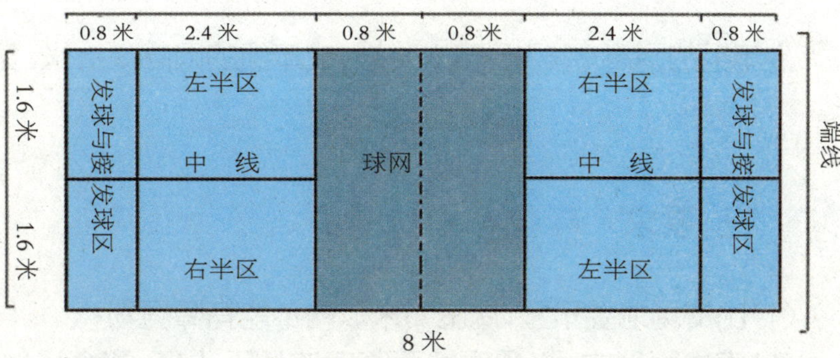

图 8—1—1

二、设施

(一)网架

(1)从地面算起，少年组的网架高 1.35 米，成年组的网架高 1.5 米；

(2)比赛使用的网架设计为折叠式，坚固耐用、易于装卸携带，网高可以上下调节；

(3)球网架应放在球场的边线上，而且必须稳定。

(二)球网

少年组的网高 2.6 米、宽 0.4 米,成年组的网高 3.2 米、宽 0.4 米。

三、要求

(1)比赛场地要平整,周围 4 米以内不能有障碍物;

(2)室内场地中,光源离地面高度不低于 4 米,整个场地的照明度均匀,且不低于 400 勒克斯,其他部位的照明度,不低于台面的一半;

(3)地面一般为暗色,不应有明亮的光源或透过未加覆盖的窗子的日光;

(4)地板不能漆成淡色或有明显反光。

第二节 器材

进行嗒嗒球运动的必备器材是嗒嗒球和嗒嗒球拍。

(1)嗒嗒球由半圆形球头和 8 根五彩的羽毛组成;

(2)在击球和接球过程中,球会在空中自然螺旋飞行;

(3)半圆形的球头富有弹性,其与球拍接触点、接触方法的不

同使嗒嗒球的技、战术打法显得变化多端；

(4)球体形状很像羽毛球，在空中飞行的姿态与羽毛球相同，球头向下，这样可以降低球的破坏程度(见图 8-2-1)。

图 8-2-1

二、球拍

(1)球拍由专业的材料制成，富有弹性；

(2)球拍长 33 厘米，宽 15.2 厘米，手柄长 14 厘米(见图 8-2-2)。

图 8-2-2

第三节 装备

在进行嗒嗒球运动时，适宜、舒适的装备对运动参与者不但有安全保护的作用，还有助于技、战术水平的充分发挥。

一、服装

由于地域、天气等条件的不同，对服装的要求也有所不同。经常参加嗒嗒球锻炼的人，应备有三套服装，即短衫、短裤(夏季)(见图 8-3-1)，长衫、短裤(春、秋季)和长衣、长裤(冬季)。服装应采用吸汗效果较好的纯棉质材料为宜。

图 8-3-1

二、袜子

嗒嗒球运动中，脚步来回起跳移动，运动量较大，因此，对袜子的要求比较高。袜子应采用棉质吸汗的材料为宜。

三、鞋

鞋一般以胶底或牛筋底为宜，这样有利于在蹬地时发力（见图8-3-2）。

图 8-3-2

第九章 嗒嗒球基本技术

嗒嗒球作为一种综合羽毛球、乒乓球为一体的新兴休闲运动项目，其技术特点是在羽毛球和乒乓球相关技术的基础上进行合理改变和完善的。嗒嗒球基本技术较乒乓球或羽毛球的基本技术简单，包括握拍法、发球、高手击球、低手击球、网前击球和基本步法等。

第一节 握拍法

嗒嗒球的握拍法是初学者必须首先掌握的基本技术，只有学会正确的握法才能灵活地运用其他各种技术。握拍法包括横握拍法和握拳式握拍法。

一、横握拍法

横握拍法常在发高远球、击打各种正手位来球时使用，特点是动作变化多、击球力量大、打法种类多。

1.动作方法（见图 9-1-1）

（1）中指、无名指和小指自然握住拍柄；

（2）拇指在球拍正面，食指自然伸直，斜放于球拍背面，虎口贴住拍肩；

（3）正手攻球时食指略向上移，反手攻球时拇指略向上移。

2.注意事项

发球和击打来球时，体会拇指和食指的用力过程。

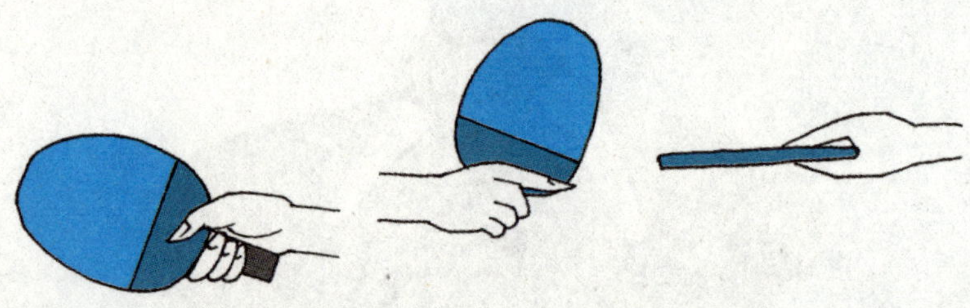

图 9-1-1

二、握拳式握拍法

握拳式握拍法常在正手或反手侧身位击球时使用，特点是能够充分利用压腕，击球速度快。

1.动作方法(见图 9-1-2)

(1)球拍面和地面垂直，拍柄朝向自己；

(2)像自然握拳一样，用食指、中指、无名指和小指握住拍柄；

(3)拇指叠放在食指上面。

2.注意事项

拇指和四指要自然放松，不能握得太紧，否则不利于各种击球。

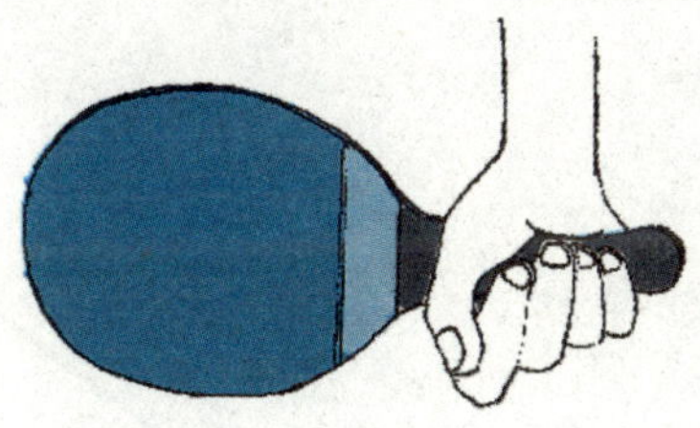

图 9-1-2

第二节 发球

嗒嗒球的发球是由抛球和挥拍击球两个动作组成的。抛球是前提，击球部位和挥拍方向是决定发球性质的关键，用力大小和第一落点的远近是发球变化的条件。发球作为组织进攻的开始，其质量的好坏直接关系到比赛的主动或被动，以及赢球得分或丧失发球权等。发球包括正手发球和反手发球等。

一、正手发球

正手发球是初学者应该掌握的基本技术之一，包括正手发高远球、正手发平高球、正手发平快球和正手发网前球等（见图9—2—1）。

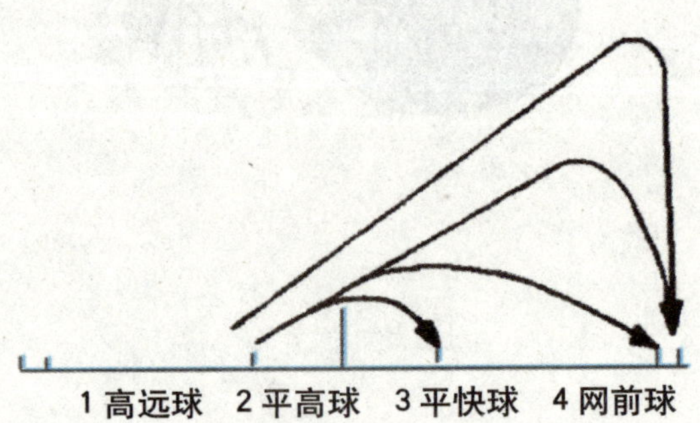

图 9—2—1

（一）正手发高远球

正手发高远球常在对方体力明显下降，或对方站位靠前时使用，其特点是，球的飞行弧线变化多、落点变化大。

1.动作方法(见图 9-2-2)

(1)站位靠中线，左脚在前(以右手握拍者为例，以下相同)，足尖右斜对球网，右脚在后，足尖指向右前方，身体重心放在右脚上；

(2)左手食指、中指与拇指轻捏嗒嗒球羽毛与毛杆的相交处，自然伸臂平举于胸前，右手持拍，自然屈肘于身体右侧，两眼注视对方，观察其准备接球的站位；

(3)左手松开使球下落，同时右手握拍沿着自下而上的弧线，朝前上方加速挥摆(其仰角一般大于 45°)，自然伸腕；

(4)将要触球时，前臂带动手腕向前上方甩动，使击球的瞬间产生一种爆发力，击球点在右侧前下方；

(5)在球弹出后，球拍随着惯性往左侧上方挥摆，身体重心同时由右脚移到左脚，右脚跟略提起，保持住身体的平衡。

2.注意事项

(1)击球的力量、角度一定要掌握好；

(2)击球的时机要控制在自己的挥拍范围内；

(3)手腕在击球前一定要放松。

图 9-2-2

（二）正手发平高球

正手发平高球常在限制对方大力扣杀或其他进攻性的回击时使用，特点是弧线平高、速度较快、具有一定的攻击性。

1.动作方法（见图 9-2-3）

（1）发球前准备姿势同发高远球；

（2）发球的动作过程大致同发高远球，只是在击球的一刹那，小臂加速带动手腕向前上方挥动，拍面要向前上方倾斜，以向前用力为主，拍面略向前推送击球；

（3）球和球拍接触时，球拍后仰的程度比高远球小（与水平面的夹角为 120°～130°）。

2.注意事项

（1）发出球的弧线以对方接球时伸拍打不着球的高度为宜，并应发到对方场区底线；

(2)掌握好出球时的球拍角度,以免击球太高或太低;

(3)掌握好击球时的力量,太小容易发不到位,太大则容易出界。

图 9-2-3

(三)正手发平快球

正手发平快球常在发现对方弱点和发球抢攻时使用，特点是弧线平直、速度快,出其不意。

1.动作方法(见图 9-2-4)

(1)准备姿势同发高远球,站位比发平高球略后些,在击球前的瞬间充分利用前臂带动手腕的爆发力向前方用力，球直接从对方肩部略靠上的高度越过,直攻对方后场;

(2)击球时,球拍和水平面的夹角在 110°左右。

2.注意事项

(1)发平快球的关键是,出手动作要小而快,但前期动作应和发高远球一致;

(2)击球要快，而且突然。

图 9-2-4

(四)正手发网前球

正手发网前球常在避免对方接发球往下压球时，以及限制对方进攻性的回击时使用，特点是弧线低、落点近。

1.动作方法(见图 9-2-5)

(1)准备姿势同发高远球；

(2)击球时，握拍要放松，大臂动作要小，主要靠小臂带动手腕向前挥送，要从右向左用力且力量要轻；

(3)击球时，拍和水平面的夹角约为 120°。

2.注意事项

(1)落点要在前发球线附近，发出的球要贴网而过，控制好力量；

(2)发网前球时,应注意手腕不能有上挑动作。

图 9-2-5

二、反手发球

反手发球的特点是动作小、出球快,使对方不易判断。一般说来,除了高远球以外,其他几种发球用反手发球技术同样可以完成,如反手发平高球、反手发平快球和反手发网前球。除了发球时的准备姿势与正手发球不同,反手发平高球、反手发平快球和反手发网前球的适用范围、特点以及部分动作方法与正手发球基本相同。

1.动作方法(见图 9-2-6)

(1)面向球网两脚前后站立(左脚或右脚在前均可),上体略前倾,身体重心在前脚上;

(2)右手反手握拍,左手拇指和食指捏住球的二三根羽毛,使球托明显朝下,球体与拍面平行,或者使球托对准拍面放在拍面前方；

(3)击球时，前臂带动手腕朝前横切推送，用球拍和水平面的夹角和力量来决定发球的落点。

2.注意事项

(1)发网前球时，用力要轻，主要靠“切”送球；

(2)发平快球时，发力要突然，击球时拍面要有“反压”动作；

(3)发平高球时，要注意送球的力量。

图 9-2-6

第三节 高手击球

嗒嗒球的各种挥拍击打球的动作统称为击球法，包括高手击球、低手击球和击网前球。高手击球的击球点一般都高于自己的头部，根据击出球的飞行路线可以分为高远球、平高球、吊球和扣杀球等(见图 9-3-1)。

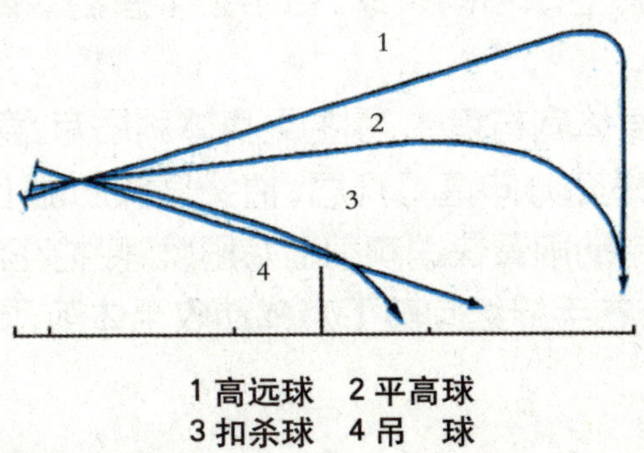

图 9-3-1

一、高远球

高远球包括正手高远球和反手高远球等。

(一)正手高远球

以右手选手为例，正手高远球常在回击身体右侧的高远球或头部以上的球时使用，特点是击球力量大、速度快，落点变化大，能够变被动为主动。

1.动作方法(见图 9-3-2)

(1)左脚在前，右脚在后，两脚间距与肩同宽，侧身对网，身体重心在后脚上；

（2）左手自然上举指向来球，右手正手握拍屈臂举于右侧，两眼注视来球；

（3）臂随着身体向右转体，引拍至身体斜后方，身体充分伸展；

（4）上臂上举充分伸直打开后，拍头从头后随上臂向上挥动，以肩为轴，上臂带动前臂快速向前上方甩腕，使拍在最高点击球；

（5）击球后，右手继续向前下方挥动收至体前，同时左脚后撤，右脚迈出。

2.注意事项

（1）准备击球时，左手一定要抬起对准来球；

（2）在持拍手臂自然伸直时，应用“抽鞭”动作把球“弹”出；

（3）以肩为轴，通过上臂带动前臂，最后“闪”动手腕击球；

（4）注意击球的高度和力量；

（5）身体动作要连贯。

图 9—3—2

(二)反手高远球

反手高远球常在回击身体左侧的高远球或高于头部的球时使用,特点是落点变化大,易变被动为主动,突然性强。

1.动作方法(见图 9-3-3)

(1)右脚前交叉步跨到自己身体的左侧,背向网;

(2)身体重心在右脚,抬肘使球拍举至左胸前,拍面朝上,双膝略屈;

(3)击球时改成反手握拍,注意使拍柄端靠近小拇指,使手心形成一个比较明显的空隙,以便充分利用腕力和拇指的侧压力;

(4)当球在下落时,上臂带动前臂过渡到前臂带动手腕,在右侧上方伸直手臂向后击球;

(5)击球后,用交叉步使右脚回到中心。

2.注意事项

(1)步法一定要跟上,身体重心要调整好;

(2)转身要快,击球也要快;

(3)击球时,手腕用力的同时拇指也要用力;

(4)击球后,身体要尽快转过来,回到中心。

图 9-3-3

二、平高球 

平高球技术是从高远球技术发展而来的，常在回击右侧场地的平高球时使用，也是后场进攻的主要技术之一，特点是击球力量大、速度快，落点容易控制。

1.动作方法(见图 9-3-4)

(1)与正手高远球技术基本一致，但也有区别，击球时拍与水平面的夹角要大于打高远球时的夹角，几乎与地面垂直；

(2)击球托的后下部，击球的时机要根据对方和自己的弹跳高度来定。

2.注意事项

(1)与正手高远球的注意事项基本相同；

(2)击球的时机要比打高远球时晚；

(3)击球的速度要快于打高远球。

图 9-3-4

三、吊球

挥拍使对方击来的后场球，以向斜向下的弧度飞过网后立刻下坠，这种球称为吊球，常用来打乱对方进攻节奏，为反攻造成机会。吊球包括正手吊球和反手吊球等。

（一）正手吊球

正手吊球常在回击右半场的后高球时使用，特点是动作灵活，落点变化多，速度有快慢变化。

1.动作方法（见图 9-3-5）

（1）左脚在前，右脚在后，两脚间距与肩同宽，侧身对网，身体重心在后脚上；

（2）左手自然上举指向来球，右手正手握拍屈臂举于右侧，两眼注视来球；

(3)臂随着身体向右转体，引拍至身体斜后方，身体充分伸展；

(4)右上臂上举充分伸直打开，拍头从头后随上臂向上挥动，以肩为轴，上臂带动前臂快速向前上方甩腕，击球点比打高远球略提前；

(5)击球的一瞬间，使拍面对准对角网前方向减速挥动，并切击球托后下方或右侧后下部。

2.注意事项

(1)击球的部位与击出球的路线有关，斜线时击球的右侧后下部，直线时击球的后下部；

(2)击球时的拍面与击出球的路线要合理配合。

图 9-3-5

(二)反手吊球

反手吊球常在回击左半场的后高球时使用,特点是动作灵活、落点变化多、速度快慢有变。

1.动作方法(见图 9-3-6)

(1)右脚前交叉步跨到自己的身体左侧,背向网;

(2)身体重心在右脚,抬肘使球拍举至左胸前,拍面朝上,双膝略屈;

(3)击球时改成反手握拍,注意使拍柄端靠近小拇指,使手心形成一个比较明显的空隙,以便充分利用腕力和拇指的侧压力;

(4)当球在下落时,由上臂带动前臂过渡到前臂带动手腕,在右侧上方伸直手臂向后击球;

(5)击球时,拍面对准对角时,击球的后中部或左后中部。

2.注意事项

(1)挥拍时要以肘带臂,前臂带手腕;

(2)击球时,拇指和各手指之间的配合要合理;

(3)击球后要迅速回到中心位置。

图 9-3-6

四、扣杀球

扣杀球是指将对方击来的中后场高球，用较大的力量和速度向斜下方击球，将球回击到对方的中后场区，这是主动进攻与得分的重要技术，包括正手扣杀球和反手扣杀球。

（一）正手扣杀球

正手扣杀球常在回击右侧上空的高球时使用，特点是击球力量大、速度快、落点变化多。

1.动作方法（见图 9-3-7）

（1）右脚在后，侧身对网，屈膝下降重心，做好起跳击球的准备；

（2）起跳后，身体左转同时后仰，挺胸呈弓形，随后凌空转体、收腹，上臂向上伸直，肘部领先，前臂快速往前上方挥动，手腕充分打开；

（3）当球落至右肩上方时，集中力量于前臂，同时迅速压腕，向前下方挥拍，球拍与水平面的夹角小于 90°；

（4）击球后，身体要随着惯性向前迈出右脚。

2.注意事项

（1）起跳时，抬右手臂的同时也要抬起左手臂对准来球；

（2）拍面与水平面的角度要掌握好，过大容易击出高球，过低容易下网；

（3）击球时，身体一定要呈背弓状，易于身体发力协调。

图 9-3-7

(二)反手扣杀球

反手扣杀球常在回击左侧上空的高球时使用，特点是击球力量大、速度快、落点变化多。

1.动作方法(见图 9-3-8)

(1)右脚前交叉步跨到自己的身体左侧，背向网；

(2)身体重心在右脚，抬肘使球拍举至左胸前，拍面朝上，双膝略屈；

(3)击球时改成反手握拍，使拍柄端靠近小拇指，使手心形成一个比较明显的空隙，以便充分利用腕力和拇指的侧压力；

(4)左脚开始发力，腰腹及肩部发力，并带动手臂和手腕迅速地往后方挥动；

(5)使拍面前倾，击球托的后中部；

(6)击球后迅速回撤右脚,回到中心位置。

2.注意事项

(1)步法一定要跟上,身体重心要调整好;

(2)转身要快,击球也要快;

(3)击球时,手腕用力的同时拇指也要用力,但用力不能太快,以防漏球;

(4)击球后身体要尽快转过来,回到中心。

图 9-3-7

第四节 低手击球

低手击球,是指挥拍击打低于头部来球的技术总称,包括接杀球、前冲旋转球、高吊旋转球和远削球等。

一、接杀球

接杀球包括挡球、抽球和推球等。

(一)挡球

挡球常在对方扣杀球时使用,特点是守中带攻,球的落点和路线变化多。

1.动作方法(见图 9-4-1)

(1)两脚屈膝平行站立,两眼注视杀过来的球;

(2)接右侧杀球时,身体重心移向右脚(如果球离身体较远,先跨至合适位置),手臂向右侧伸直,放松握拍,拍面后仰对准来球,挡球过网;

(3)接左侧杀球时,用反手握拍,身体重心移向左脚(如果球离身体较远,先跨至合适位置),手臂向左侧伸直,放松握拍,反拍面略后仰对准来球,挡球过网。

2.注意事项

(1)接球时注意力要集中,看准对方的杀球路线,提前判断;

(2)拍面的后仰角度要适中,太高容易使球飞行过高,易使对方上手再扣杀,太低则容易下网。

图 9—4—1

(二)抽球

抽球是一种比较积极的接杀球方法,特点是球速快,反攻威力强,包括抽平球和抽高远球。抽球技术与挡球技术基本相同,不同之处在于,抽球时先向后引拍,以手臂带动手腕向前上方挥拍抽球,且有提拉的动作。

(三)推球

推球常在对方杀球力量较小或球过网较高时使用,可将球推向后场左右两角。推球的动作方法与挡球基本相同,不同之处在于,推球时,在拍触球前的瞬间,要握紧球拍,以手臂带动手腕发力,接触球时要有跟随动作推送球过网。

二、前冲旋转球

前冲旋转球常在对方来球落在身体右侧较近且较低位置时使用，特点是弧线低，上旋力大，球速快，前冲力大。

（一）动作方法（见图 9-4-2）

（1）右脚略后，重心放在右脚上；

（2）击球前引拍至身体右侧下方，使拍呈半横状，手臂自然打开；

（3）来球过网下落时，用脚蹬地，腰部向左上方转动，同时上臂带动前臂向左前上方加速挥动；

（4）迎击来球时，摩擦球托的中上部（前冲），使球上旋，击球瞬间整个身体的力量传递到手腕，加速度达到最大；

（5）当球拍和球接触后，前臂快速从斜上方收至左前上方。

（二）注意事项

（1）引拍时，上臂和身体的夹角要打开，不能影响发力；

（2）击球时，拍形不能太平，否则容易漏球。

图 9-4-2

三、高吊旋转球

高吊旋转球常在对方来球落在身体右侧较近且较低，而且对方站位靠近网时使用，特点是弧线高，上旋力较大，球速慢。

(一)动作方法(见图 9-4-3)

(1)右脚略后，重心放在右脚上；

(2)击球前引拍至身体右侧下方，使拍呈半横状，手臂自然下垂打开；

(3)来球过网下落时，用脚蹬地，腰部向左上方转动，同时上臂带动前臂向上方加速挥动提拉；

(4)迎击来球时，摩擦球托的中部，击球瞬间整个身体的力量传递到手腕，加速度达到最大；

(5)当球拍和球接触后，前臂快速从斜上方提拉收至右前上方。

(二)注意事项

(1)引拍时，上臂和身体夹角要充分打开，不能影响发力；

(2)击球时拍形不能太平，否则容易漏球。

图 9-4-3

四、远削球

远削球是削球的一种，常用于回击对方的扣杀和弧圈球，特点是动作大、球速慢、弧线长，回球下旋，可通过旋转和落点的变化进行反攻，包括正手远削和反手远削等。

（一）正手远削

1.动作方法（见图 9-4-4）

（1）左脚略前，身体离球台 1 米以外；

（2）上体略右转，重心在右脚上；

（3）击球前，手臂自然弯曲，将球拍向右上引至同肩高；

（4）击球时，手臂向左前下方挥动，在球的下降期击球的中下部，拍形略后仰；

（5）触球时，前臂加速削击，同时手腕向下转动用力；

（6）击球后，球拍随势前送，重心移到左脚。

2.注意事项

（1）击球点在腹部的右前侧为最佳；

（2）引拍的幅度不易过大，腹带动臂发力；

（3）击球托的中上部，摩擦球。

图 9-4-4

（二）反手远削

1. 动作方法（见图 9-4-5）

（1）右脚略前，身体左转，手臂弯曲；

（2）球拍向左上方引至与肩同高，拍柄向下，重心放在左脚上；

（3）击球时，手臂向右前下方挥动，前臂和手腕加速用力削击来球；

（4）在球的下降期，击球的中下部，拍形后仰；

（5）击球后，上体向右转动，球拍随势挥至身体右侧，重心移到右脚。

2. 注意事项

（1）引拍时，拍面略立，易于形成向下压球的挥拍路线；

（2）削球时要多用上体转身，协助引拍；

(3)击球点尽可能保持在体侧略前方。

图 9-4-5

第五节 网前击球

网前击球是在网的附近击球过网的技术总称，包括放网前球、搓球、推球、挑球、勾球和扑球等。

 一、放网前球 

放网前球常在对方将球击至自己网前时使用，特点是击球过网就下落，落点精准。放网前球包括正手放网前球和反手放网前球。

（一）正手放网前球

1.动作方法（见图 9-5-1）

（1）准备动作：侧身向球的方向移动，上身略前倾，右手握拍于体前；

（2）引拍动作：步法移动的最后一步是右脚向来球方向跨大弓箭步，身体重心提高，前臂伸向来球往前上方举，略上仰，斜对网；

（3）争取高点击球，握拍放松略收腕，击球时拍面朝上，主要靠手臂向上托球，击球过程中左手要向后平举，以协调动作；

（4）右脚蹬地退回，持拍手同时收回呈放松握拍，退回到中心位置。

2.注意事项

（1）看准来球，脚步移动要灵活；

（2）挥拍的力量始终不能过大或过小；

（3）拍面的角度要朝上。

图 9-5-1

（二）反手放网前球

反手与正手的动作方法相似，不同之处在于，反手放网前球时向左转体，向球的方向跨步，并及时转换为反手握拍，用反手击球。

二、搓球

搓球是指在网前用球拍搓切球托的左侧、右侧或底部，使球向右侧或左侧旋转并翻转过网，特点是，旋转翻转性能越强，对方回击的难度就越大，越能创造更有力的进攻机会。搓球包括正手搓球和反手搓球。

（一）正手搓球

正手搓球常用于回击对方搓来或吊来的右侧场地球，特点是击球的位置变化多，球击过网后轨迹异常，能够控制对方进攻。

1.动作方法（见图 9-5-2）

（1）准备动作：右脚在前，左脚在后，两脚呈半弓步，右手握拍，自然将球拍前举在胸前，身体向前略倾斜；

（2）引拍动作：右脚加蹬跨步至右网前区，前臂随着步法移动伸向右前上方，手腕略后伸；

（3）击球瞬间，迅速地鞭打手腕，挥拍的快慢和拍面角度要根据来球的情况而定；

（4）击球后手臂收至胸前，后撤右脚，准备下一个击球动作。

2. 注意事项

(1)手臂不能伸太直，身体也不能站得太直；

(2)争取在尽量高的位置击球，出手要快；

(3)击球时，拍面的角度要适中，太小不易过网，太大则易击球过高，给对方创造进攻机会。

图 9-5-2

(二)反手搓球

反手搓球常在回击对方搓来的或吊来的左侧场地球时使用，特点是击球的位置变化多，球击过网后轨迹异常，能够控制对方进攻。

1. 动作方法(见图 9-5-3)

(1)准备动作：左脚在前、右脚在后，两脚呈半弓步，右手反手握拍，将球拍自然前举在胸前，身体略向前倾斜；

（2）引拍动作：左脚加蹬跨步至左网前，前臂随步法移动伸向左前上方，手腕略后伸；

（3）击球瞬间，迅速地鞭打手腕，挥拍的快慢和拍面角度根据来球情况而定；

（4）击球后，手臂收至胸前，后撤左脚，准备下一个击球动作。

2.注意事项

同正手搓球。

图 9-5-3

推球是指以推击的动作把对方击来的网前球推击到对方后场底线的技术，包括正手推球和反手推球。

(一)正手推球

正手推球常在回击右侧的网前平高球时使用，特点是击球弧度较平、速度较快。

1.动作方法(见图 9-5-4)

(1)准备动作和引拍动作与正手搓网前球相同；

(2)前臂伸送球,用腕部的转动和手指(主要是食指)的力量向前快速推击；

(3)随前动作略小,击球后即可收拍于体侧,还原呈放松的正手握拍姿势。

2.注意事项

(1)挥拍击球时,拍面控制的角度要适中,竖直平击球；

(2)推球力量大小要适当控制。

图 9-5-4

(二)反手推球

反手推球常在对方击球右侧网前平高球时使用，特点是击出弧度较平、速度较快。

1.动作方法(见图 9—5—5)

(1)准备动作和引拍动作,与反手搓前球准备动作相同;

(2)用反手握拍法,前臂伸送球拍,手腕快推球的托的左侧面;

(3)击球后回收手臂于胸前,并且回到中心位置。

2.注意事项

(1)击球时握拍不能太紧,身体要放松,略前倾;

(2)步伐要快,避免用手臂够球时球下网。

图 9—5—5

四、挑球

挑球常用于把对方击来的网前球，挑高回击到对方后场，这是一种处于较被动情况下的回击方法，包括正手挑球和反手挑球等。

（一）正手挑球

正手挑球常在对付对方击来的右侧网前球时使用，特点是落点靠后，易于防守。

1.动作方法（见图 9-5-6）

（1）准备动作与正手放网前球准备动作相同，只是球拍引到身体的右下方；

（2）右脚在前跨的同时伸手臂；

（3）从右下方向左上方挥拍，将球挑出；

（4）挑球时，迅速回收前臂以及手腕至胸前；

（5）击球后，后撤右脚到中心位置，准备下一击球动作。

2.注意事项

（1）要在球下落低于网时击球；

（2）拍面角度要根据来球情况合理选择；

（3）用力方向要斜向上。

图 9-5-6

（二）反手挑球

反手挑球常在对付对方击来的左侧网前球时使用， 特点是落点靠后，易于防守。

1．动作方法（见图 9-5-7）

（1）准备动作与反手放网前球准备动作相同，只是球拍引到身体的左下方；

（2）在右脚向左前跨步的同时，伸手臂；

（3）从左下方向右上方挥拍，拇指压住拍柄将球挑出；

（4）挑球时，迅速回收前臂以及手腕至胸前；

（5）击球后，后撤右脚到中心位置，准备下一击球动作。

2.注意事项

同正手挑球。

图 9-5-7

五、勾球

勾球是用屈腕或伸腕的动作，合理调整拍面角度，将球击到对方网前斜对角的技术总称，包括正手勾球和反手勾球等。

（一）正手勾球

正手勾球技术常用于回击网前右侧场区的吊球或搓球，特点是手腕动作变化灵活、突然，落点变化多。

1.动作方法（见图 9-5-8）

（1）准备动作和引拍动作，与正手放网前球相同；

（2）争取高击球点，击球瞬间前臂往左拉收，手腕由略后伸至

回收，勾腕挥拍，拨击球托的右侧下部，使球沿对角线飞行至对方网前右场区；

(3)击球后球拍回收至右肩前。

2.注意事项

(1)手腕动作要突然，并且注意手臂的回收；

(2)击球点的高低，要随着击球落点的变化改变握法；

(3)击球时要用球拍的前部，且击球托的右侧下部。

图 9-5-8

(二)反手勾球

反手勾球常用来回击网前左侧场区的吊球或搓球，特点是手腕动作变化灵活、突然，落点变化多。

1.动作方法(见图 9-5-9)

(1)准备动作和引拍动作，与反手放网前球相同；

(2)来球时，脚步前移，球拍随着手臂下沉呈反手勾球握法；

(3)用拍面正对来球，来球过网时，球拍随手臂伸直；

(4)在球下落时，压肘使手腕挥动球拍，拇指用力往右侧拉动球拍，击球的左侧后部球托。

2.注意事项

(1)手臂前伸，引拍动作要放松，控制勾球的角度和轻重力量；

(2)在注意手指手腕的动作时，不能忽视手臂的带动、回收作用；

(3)一定要注意动作的隐蔽性。

图 9-5-9

六、扑球

扑球是指，当对方击来的网前球高过网、但高度仍在网上沿时，迅速上步挥拍击球托的中上部，把球压过对方区域的技术总称，包括正手扑球和反手扑球。

(一)正手扑球

正手扑球常用于回击中、右侧网前场区上方的吊球或搓球，特点是球速快、飞行路线短、威力大。

1.动作方法(见图 9-5-10)

(1)准备动作和其他击球法一样；

(2)看到来球时，左脚先蹬地，右脚跨步上网，身体向前上方腾空；

(3)在右脚跨步的同时，前臂向前上方举起，球拍正对来球；

(4)击球时手臂尽量伸直，同时手腕迅速压腕；

(5)击球后，球拍随手臂往右侧前下回收，然后回到原位。

2.注意事项

(1)上网动作要快，避免触网；

(2)手腕压的动作要明显，以免球飞出底线；

(3)上前跳起时动作不能太大，减少向前的惯性；

(4)在注意上体动作的同时，要注意腿的缓冲动作，以免受伤。

图 9-5-10

(二)反手扑球

反手扑球常用于回击左网前场区上方的吊球或搓球，特点是球速快、飞行路线短、威力大。

1.动作方法(见图 9-5-11)

(1)准备动作与正手扑球相似,只是方向在左网前,反手握拍,持拍于左侧;

(2)当身体向左前蹬跳跃起时,持拍手向前上方举拍,肘略屈,手腕外展,拍面正对来球;

(3)身体向左前飞跃,用手臂带动手腕向前下加速挥拍扑压击球;

(4)击球后马上屈肘,手腕回收拍于体前,以免触网。

2.注意事项

同正手扑球。

图 9-5-11

第六节 基本步法

步法是击球的基本环节之一，它是争取主动、摆脱被动的重要方法，包括垫步、跨步、跳步、并步和交叉步等。

一、垫步

垫步常在来球角度不大时使用。

（一）动作方法（见图 9-6-1）

右（左）脚向前（后）迈出一步，随即以同一脚向同一方向再迈一步。

（二）注意事项

迈出的步幅不宜过大，动作要轻盈流畅。

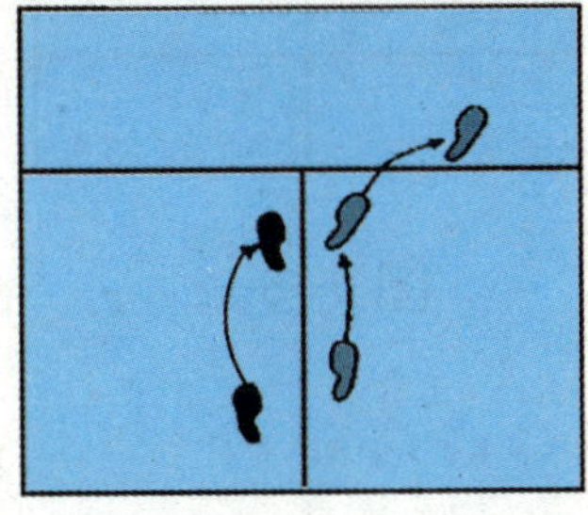

图 9-6-1

二、跨步

跨步常在从基本站位向左、右移动时使用。

(一)动作方法(见图 9-6-2)

(1)一脚向来球方向移动;
(2)另一脚随即跟着移动一步。

(二)注意事项

跨步时要注意击球的位置,确保跨一步就能击到球,同时动作要快速。

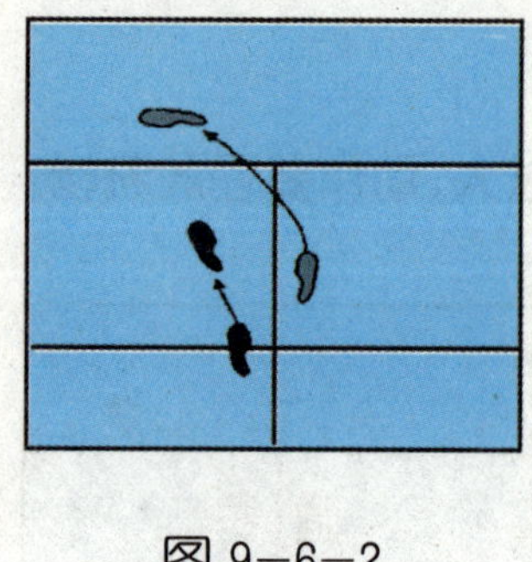

图 9-6-2

三、跳步

跳步常在来球较快、角度较大时使用。

(一)动作方法(见图 9—6—3)

(1)一脚用力蹬地,使两脚离开地面;

(2)同时,向前、后、左、右跳动。

(二)注意事项

(1)看准对方的来球,向右侧跳时左脚迅速发力,向左侧跳步时右脚迅速发力;

(2)在跳步的同时,要想清楚合理运用哪项技术。

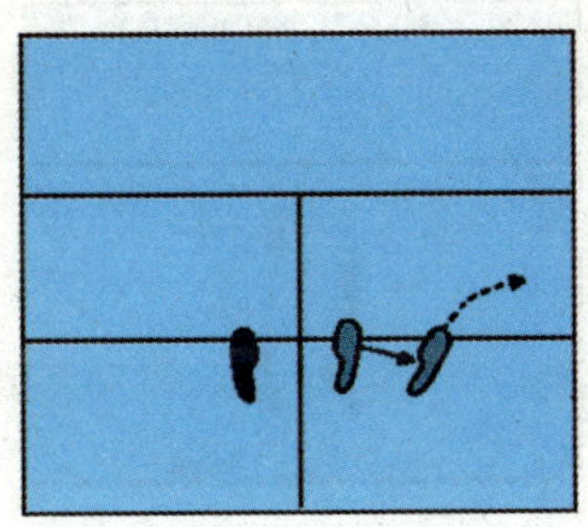

图 9—6—3

四、并步

并步常在来球速度不快时用来左右移动,特点是移动范围大,身体重心稳定。

（一）动作方法（见图 9-6-4）

（1）移动时，先以与来球异方向的脚向另一脚并一步；

（2）与来球同方向的脚再向来球的方向迈一步，迎击来球。

（二）注意事项

（1）一定要注意先动哪只脚，左侧来球要先动右脚，相反，右侧来球先动左脚；

（2）后跟步的脚，要迅速。

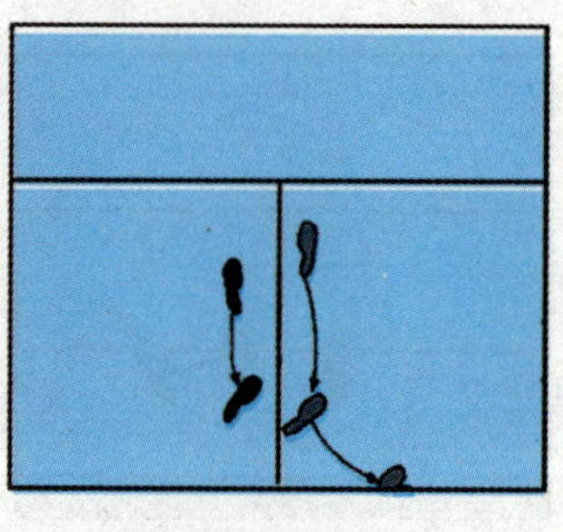

图 9-6-4

五、交叉步

交叉步常在来球远离身体时使用。

(一)动作方法(见图 9-6-5)

(1)先以来球反方向的脚向来球方向移动,并超过另一脚;

(2)然后另一脚随即向来球方向移动。

(二)注意事项

(1)注意先动哪只脚,左侧来球要先动右脚,相反,右侧来球先动左脚;

(2)以向右侧交叉步为例,左脚向右迈出时一定要超过右脚的位置,以便右脚能迈出更远的位置来击球。

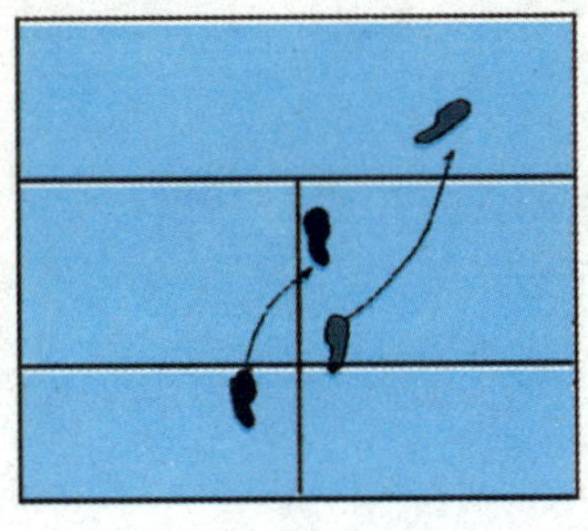

图 9-6-5

第十章 嗒嗒球基础战术

嗒嗒球的基础战术主要是把击球过网后的路线和落点合理地结合起来，形成一定的打法套路，可以分为发球抢攻战术、攻后场战术、吊前击后战术、打四方球结合突击战术和打对角线球战术等。

第一节 发球抢攻战术

发球抢攻就是利用发球使对方被动，为自己创造进攻条件的一种战术。在对付防守能力较差或临场经验不足的选手时，采取此战术较为有效。比赛进入关键时刻，也可运用这一战术突袭对方，打乱其进攻系统，夺取主动权。这一战术通过发网前球和平高球相结合来实现，迫使对方挑高球或勉强进攻，乘机发动抢攻、强攻或守中反击，具体方法（图 10-1-1）是：

（1）对方站位靠中后场位置时，发网前球抢攻；

（2）对方站位靠中前场位置时，发平高球抢攻。

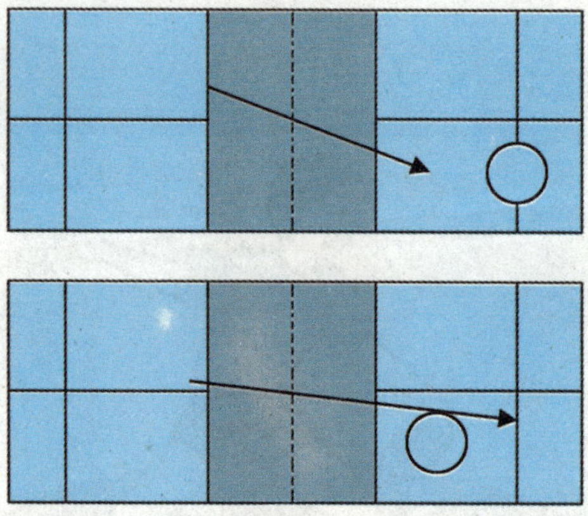

图 10-1-1

第二节 攻后场战术

攻后场战术是指利用对方后场还击力差的弱点，压对方于后场底线附近，造成对方的被动，然后等待机会进攻得分，具体方法（见图 10-2-1）是：

（1）重复压后场底线，突击杀、吊，这用来对付后退步法较慢、反击能力较差和急于上网的选手时较为有效；

（2）通过多次快打平高球压对方于后场，在其注意力集中到后场后，立即以扣杀进攻前场。

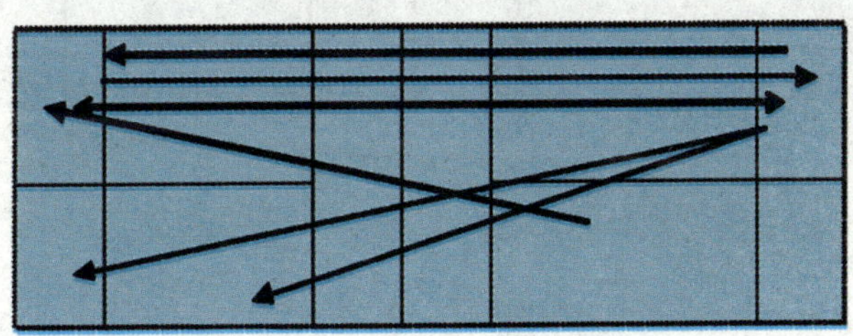

图 10-2-1

第三节 吊前击后战术

吊前击后战术常在对付上网步法较慢或网前球出手慢的选手时使用,具体方法(见图 10-3-1)是:

先以吊、放、搓网前球,吸引对方到网前,然后用推、杀或打平高球突击对方的后场底线。

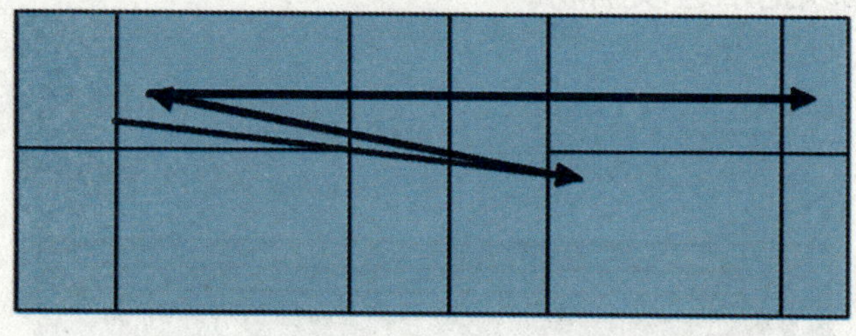

图 10-3-1

第四节 打四方球结合突击战术

打四方球结合突击战术常在对付体力差或反应和步法慢的选手时使用,具体方法(见图 10-4-1)是:

以快速、准确的落点攻击对方场区的四角,调动对方前后左右奔跑，在对方来不及回中心位置时攻其空当位置。

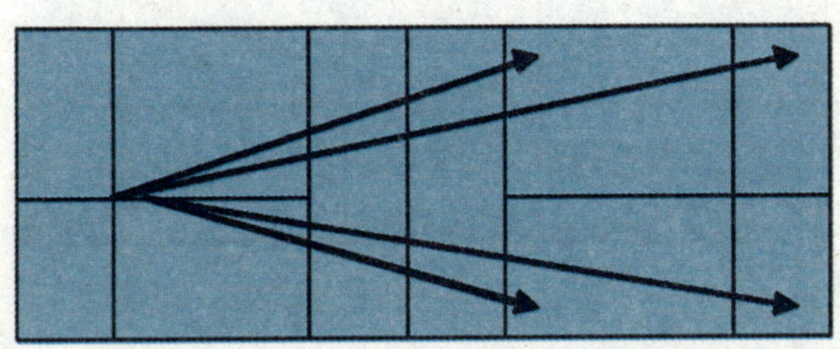

图 10-4-1

第五节 打对角线球战术

打对角线球战术常在对付灵活性差、转体慢的选手时使用，具体方法（见图 10-5-1）是：

无论是进攻还是防守，均以打对角线为主。

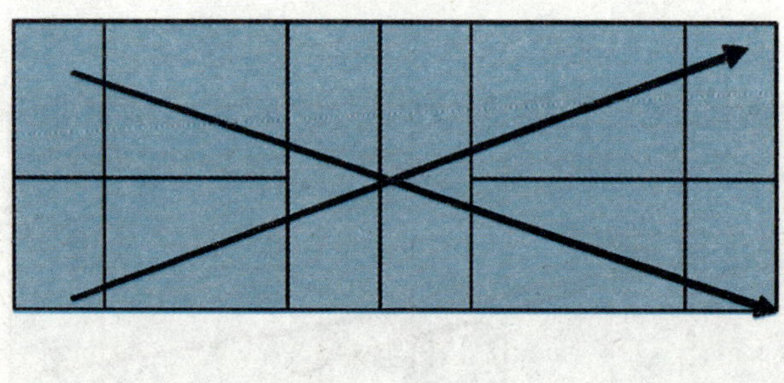

图 10—5—1

第十一章 嗒嗒球比赛规则

嗒嗒球比赛若要按计划有秩序地进行，就需要科学合理地组织和安排工作。理解并掌握本章内容，会使嗒嗒球运动的参赛者，在赛前能够从战略上作出某些准备。如果青少年朋友想成为一名出色的比赛组织者，就更应该掌握本章内容。

第一节 程序

合理有序的程序有利于比赛的顺利进行，也是比赛公平、公正的基本保证。

一、参赛方法

嗒嗒球比赛的常用方法主要有单循环赛和单淘汰赛两种，如把这两种方法结合运用，则叫混合制。比赛方法的选用要依据比赛的目的、场地、参加队数（人数）等条件而定。

（一）单循环赛

参加比赛的队或运动员之间轮流比赛一次，称为单循环赛。

1.计算名次的方法

通常胜一场得 2 分，输一场得 1 分，未出场比赛或未完成比赛的场次为 0 分，小组名次根据所获得的场次分段决定，如果相同，就参照彼此的胜负关系以及胜负局数。通常此种方法在参加比赛的队不是特别多，而且时间、经费较紧张的情况下使用。

2.分组循环赛

单循环赛虽能比较正确地排定所有参赛队（或人）的名次，但是在参加队（或人）数较多的情况下，因比赛次数多而给比赛的组织和管理带来困难，所以很难采用。在这种情况下，可采用分组循环赛。分组循环赛最常用的编排方法为“固定逆时针轮换方法”（见

表11–1–1中6个参赛者的编排方法)。如果参赛者数量为奇数,可以用"0"补空缺配成偶数。

第一轮	第二轮	第三轮	第四轮	第五轮
1→6	1→5	1→4	1→3	1→2
2→5	6→4	5→3	4→2	3→6
3→4	2→3	6→2	5→6	4→5

表11–1–1

(二)单淘汰赛

参加比赛的队按照编排秩序进行比赛,编排时通常要先设种子队,种子队的设定依据是根据该队在最近一年内的大赛成绩以及职业内的排名,然后进行其他队的随机抽取的办法,以此来决定胜负关系,胜者将进入下一轮比赛,负者被淘汰,直到决出冠军,称为单淘汰赛。单淘汰赛的场次相对少,有利于在较短的时间内安排较多的选手进行比赛。但这种方法合理性差,不完整性和机遇性强,须采取一些措施来克服这些缺陷,才能在实际应用中发挥它的作用。

（三）混合制

混合制一般在参加比赛的队比较多，且场地和时间都能允许的情况下采用。混合制比赛一般分为两个阶段：

第一阶段是根据参赛的队进行合理的分组，通常要先设种子队，种子队的设定依据是根据该队在最近一年内的大赛的成绩以及职业内的排名，然后进行其他队的分组，而其他队的分组采用分档随机抽取的办法。分组完之后，每个小组再进行比赛，此时的比赛就采用小组内循环的方法，以此来决定小组的前两名，进入下一轮比赛。

第二阶段是根据第一阶段的结果，相邻两组的前两名进行交叉单淘汰比赛，例如 A 组对 B 组，C 组对 D 组。具体是：A 组的第一和 B 组的第二进行比赛，B 组的第一和 A 组的第二进行比赛（见图 11–1–1）。以此类推，在第二阶段的比赛都是单淘汰制，直至产生最后的冠军。

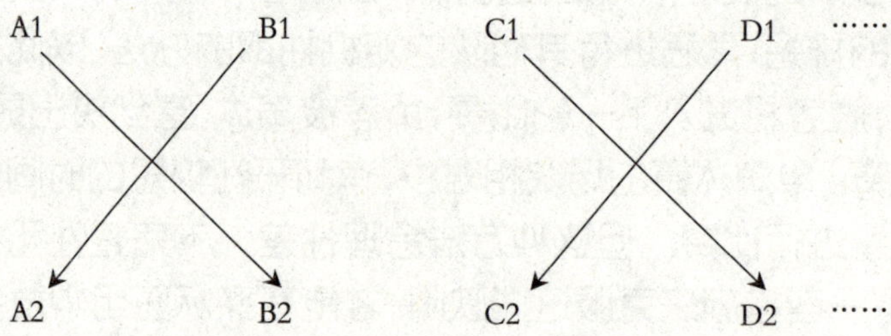

图 11–1–1

二、比赛方法

(一)合法发球

嗒嗒球的发球分为低手发球和高抛发球两种，发球开始时，不执球手捏住嗒嗒球羽毛或球托。

单打比赛发球时，接发球运动员必须站在单打接发球区内，每个人发两个球，然后转换到对方发球。

发球时，无论是低抛还是高抛，必须在球离开不执拍手后，发球人方可击球，使球越过球网装置，落入对方区内。

(二)合法击球

对方发球或击球，本方运动员必须用手腕以上部位，使球直接越过网或触及球网装置后，再落到对方区内。

(三)比赛顺序

单打比赛中，先由发球人发出合法球，再由接发球员合法击球，然后双方交替进行还击。

（四）重发球

出现下面的情况，判罚重发球：

（1）只抛球未挥拍，判重发球；

（2）如果接发球方没有准备好，球已发出，而且接球方没有企图击球，应判重发球；

（3）裁判员暂停比赛；

（4）遇到外界因素的干扰判重发球；

（5）裁判员未能作出判决的球判重发球；

（6）由于要纠正发球、接发球顺序或方位错误；

（7）由于警告或处罚运动员。

（五）选择发球和选位问题

（1）每场比赛开始，用抽签的方法确定，中签者可选择先发球，或者选择在某一方位；

（2）在获得 2 分之后，接发球即成为发球方，依此类推，直至该局比赛结束，或者直至双方比分都达到 16 分后实行轮换发球法，此时发球和接发球顺序仍然不变，但每人只轮发 1 分球；

（3）在双打的第一局比赛中，先由发球方确定第一发球员，再由接发球方确定第一接发球员，在以后的各局比赛中，第一发球员应是前一局发球给他的运动员；

（4）一局中，先发球的一方，在该场下一局应先接发球；

（5）一局中，在某一方位比赛的一方，在该场下一局应该换到

另一方位；

(6)在决胜局中，一方先得 9 分时，双方应交换方位。

第二节 裁判

对比赛而言，裁判员合理的裁判工作是比赛顺利进行的保证；对运动员个人而言，了解和掌握裁判规则能够使自己充分发挥技、战术水平。

一、裁判员

嗒嗒球比赛中，一般需要 2 名裁判，即 1 名主裁判和 1 名副裁判。主裁判主要是报明得分、违例和发球等，副裁判主要是翻记分牌和记录比赛结果等。

二、记分

(一)得 1 分

除被判重发球的回合，下列情况运动员得 1 分：

(1)对方未能合法发球；

(2)对方未能合法还击；

(3)在发球或还击后，对方在击球前，球触及了除球网装置以外的任何东西；

(4)对方击球后，该球越过本方端线而没有触及本方区；

(5)对方阻挡；

(6)对方连击；

(7)对方穿戴的任何东西触及球网装置；

(8)对方侵入本方场区；

(9)对方接球未等发球就移动脚步。

(二)一局比赛

在一局比赛中，先得 17 分的一方为胜方；16 平后，先多得 2 分的一方为胜方。

(三)一场比赛

一般比赛采用五局三胜制，也可以采用三局两胜制。一场比赛应连续进行，但在局与局之间，任何一名运动员都有权要求不超过 1 分钟的休息时间。

三、犯规

以下情况为犯规：

(1)任何一方非法延误发球时间，做假动作；

(2)发球时脚踩发球区线；

(3)发球时有一脚离地；

(4)故意过网干扰对方接球。

四、违例

以下情况为违例：

(1)如果接发球员或同伴未准备好时球已发出，而且接发球员或其同伴均没有企图击球；

(2)由于发生了运动员无法控制的干扰，而使运动员未能合法发球；

(3)在双打时，运动员错发、错接；

(4)发球时，发球方企图用各种语言或其他的方法来干扰接球方的接球。

五、罚则

(1)被严重警告过的队员，如若再次犯规或多次违例，裁判员有权判罚其离场，并判罚其本场输；

(2)在比赛中，如一方队员在比赛时受到对方其他人员的有意伤害，或者受到各种侮辱性的行为时，应判罚其离开比赛场地。